# ヨーロッパの歴史

江川　溫

（新訂）ヨーロッパの歴史（'05）

装幀　畑中　猛　　　　　o－14

# まえがき

ヨーロッパ勢力は、よく知られているように、一六世紀から地球上のあちらこちらに進出し、交易やキリスト教布教を行い、場合によってはその地を軍事的に制圧して自らの植民地とした。植民地とならなかった地域も、ヨーロッパ勢力に対抗するために、自らの社会と国家をヨーロッパ諸国のそれに倣って再編することを迫られた。こうしたプロセスを通じてヨーロッパ文明は、人類の歴史に非常に大きな刻印を残してきた。現代世界はよきにつけ悪しきにつけ、この刻印を抜きにしては考えられない。

ヨーロッパ文化の直接的受容のみが問題なのではない。ヨーロッパ文化への反発心に支えられた伝統文化の意識的復興や、宗教的原理主義の発生もまた、ヨーロッパの与えた刻印である。こうした文化運動や思想運動は、その形式においてはきわめてヨーロッパ的ですらあるのだ。現代のイスラム原理主義団体は、近代キリスト教のミッション団体によく似ている。

日本は旧世界の中ではヨーロッパと対極的な位置にあり、一六世紀以降のヨーロッパのインパクトも限られたものであった。それが日本を強く揺さぶるようになるのは一九世紀も後半になってからである。しかし、現代日本の社会生活と文化のほとんどあらゆる側面には、ヨーロッパの歴史が生んだ思想や慣行が入り込んでいる。実は「日本史」という学問と教育の体系も、一九世紀にヨーロッパ諸国の「国民史」を手本に作られたものである。私たちが日本の伝統文化について考察する際に設定するさまざまな枠組みも、ヨーロッパのインパクトなしには存在しなかったものである。誤解を恐れずに言えば、私たちは日本文化の子であるとともに、ヨーロッパ文化の子でもあるのだ。それだけに、ヨーロッパの歴史を知ることはきわめて重要である。

この書物は二〇〇五年から始まる放送大学の授業「ヨーロッパの歴史」の印刷教材である。放送大学ではヨーロッパの歴史を扱う授業がいくつか組まれているが、この授業は主に前近代のヨーロッパ史、具体的には紀元五〇〇年ごろから一七〇〇年ごろまでの時期のヨーロッパを扱うことになっている。起点について説明すれば、現在の地理学的ヨーロッパを枠組みとする固有のヨーロッパ史を主要な対象とし、環地中海世界を枠組みとする古典古代史は別扱いとする発想に基づいている。また私たちがこれから考察するのは、人びとの大多数が農村共同体の中で生きており、自然についても国家社会についても神が与えた不動の秩序への信念がなお大きな力を持っていた時代である。しかしまさしくこの時代にヨーロッパ文明の基本的な特質が形成された。その過程を学ぶことは、私たちの日常に入り込んでいるヨーロッパ起源の諸要素について、その原型と変容をともに明らかにすることになるだろう。そしてそれは私たちが生きている現代世界の特質をよりよく理解することにつながるはずである。

この書物の執筆者・授業担当者たちがとりわけ重視したことは、まず基本的な歴史の流れを大づかみに取り出し、提示することである。次に、現代の歴史研究者が深い関心を寄せている問題を重点的にとりあげ、できるだけやさしく解説することである。独立した書物としても存在意義があるように努力したつもりであるが、テレビでの授業と組み合わせることでより正確な、より深い内容理解が得られるであろう。ぜひ一読の上、授業に臨んでいただきたい。

二〇〇五年二月

江川　温

# 目次

# 1 ヨーロッパの風土と人びと

## 一　ヨーロッパの風土

### ●ヨーロッパの範囲

五大州のひとつとしてのヨーロッパは通常、アジアおよびアフリカからウラル山脈、カスピ海、黒海、地中海をつないだ線によって区切られる、巨大な半島とその周辺の諸島からなるとされる。しかしアジア・アフリカとヨーロッパを隔てるというこれらの境界は、昔から人間の活動にとってほとんど障害となってはこなかった。これらをまたいで発展した国家や文明の例を挙げることは難しいことではない。したがってまず認識しなければならないのは、ヨーロッパを他の世界から区切っているのは、自然の障壁ではなく、長い歴史によって培われた文明としての特性であるということである。おおよそ六世紀から一七世紀の間に、すなわち中世および近世と呼び慣わしている時代に、ヨーロッパ文明と呼びうるものが上記の地域の大部分に根をおろしたのである。私たちがこれから学んでいくのは、その過程である。

### ●三つの風土

気候風土の上では、大きく見て南部、西北部、東北部の三つに分けることができる。このうち南部はイベリア半島中南部、イタリア半島、バルカン半島南部などの諸地方であって、大部分が夏の高温と乾燥を特徴とする地中海性気候帯に属する。地中海沿岸では平野部は比較的狭く、丘陵地、山地が多い。しかし黒海北岸には広大な平原が広がり、大河が流れ込んでいる。植生は地中海疎林と呼ばれるもので、常緑広葉樹（コルクガシ、ゲッケイジュ、イトスギなど）の森を特徴とする。しかしこの地方は紀元前数世紀から人間が高密度で定住し、開発を進めたので森林は著しく後退した。

西北ヨーロッパはイベリア半島北部、アルプス以北のフランスからドイツに至る大陸部、イギリス諸島、スカンジナヴィア半島の一部などを含む。大部分の地域は日本の最北端よりも高緯度に位置し（日本最北端はイタリアとスイスの国境付近に相当する）、夏と冬の日照時間に大きな差がある。偏西風の影響を受け、夏は冷涼であるが、冬もそれほど寒冷ではない（パリの一月の平均気温は三．五度であって、福井市や水戸市よりも高い）。年間を通じて雨量は平均している（ただし総雨量は日本よりもかなり少なく、ロンドンやパリの雨量は東京の半分程度である）。南部ヨーロッパに接する諸地方は険しい山岳地帯であるが、北海、バルト海南岸地方には広大な平野および緩やかな丘陵地が広がっており、大河が流れている。古くは落葉広葉樹林（ナラ、ニレ、ブナ、ボダイジュなど）の森が大きな割合を占めていたとされる。一〇、一一世紀ごろから開発が進み、村や都市が数を増していくにつれ、森は後退していった。

東北ヨーロッパはバルト海北岸、ポーランド、チェコ、バルカン半島北部からロシア西部に至る諸地方からなる。主に亜寒帯湿潤気候帯に属し、夏は西北ヨーロッパに近い温度に達するが、東に進むに従って偏西風の影響が弱まるために、冬の寒さが厳しい。これに対して支配的な植生は針葉樹・落葉樹の混交林で、人口が長らく希薄であったために近世まで森林がよく残っていたが、その後開発が進んだ。

## ●森のヨーロッパ

ヨーロッパの森は下生えが乏しいために、比較的容易に踏み込むことができる。このことはヨーロッパの民話に森を舞台とするものが多いことからも推察できるだろう。前近代の農民たちは森で豚にドングリの実を食べさせ、果実や薪を集めた。領主たちは森で野生動物を狩ることを自分たちの身分的特権とした。キリスト教布教後も人々は長期にわたって森に住む精霊を信じ続けたし、キリスト教の修道者やアウトローもまた森に入った。

ユーラシア史の規模で見るならば、森は西部地中海、西北ヨーロッパ諸地方をステップ遊牧民の攻撃から防護する役割を果たした。遊牧民はしばしば南ロシアからステップの西端であるパンノニア（ハンガリー）平原まで進出し、東北ヨーロッパ諸地域に大きな衝

資料１－１　ハンガリー平原での牛の放牧

撃を与えたが、それよりも西方に持続的な根拠地を築くことはなく、散発的な攻撃を行うにとどまったからである。森が彼らを阻んだともいえよう。

## 二　言語と民族

### ●ヨーロッパの言語

言語学では諸言語を系統分類によって語族・語群に分けている。たとえばフランス語はインド・ヨーロッパ語族・ロマンス語群に分類される。ヨーロッパ諸国の国家語は大部分がインド・ヨーロッパ語族に属するが、ハンガリー語、フィンランド語、エストニア語は例外でウラル語族に属する。インド・ヨーロッパ語族の中でも重要な位置を占めているのが、ロマンス、ゲルマン、スラヴの三語群であり、他にはケルト、トラキア＝イリュリア、ギリシア、バルトの各語群が見られる。

地中海沿岸では紀元前六世紀ごろまでに東部にギリシア語世界が形成されたが、その後ローマ国家の支配が拡大するにつれラテン語使用も一般化し、西部はラテン語が、東部はラテン語、ギリシア語の二つが広域共通語となった。西北ヨーロッパでは、紀元前五世紀にさかのぼると大部分の地域でケルト諸語が使用されていた。以後、ローマ国家の西北ヨーロッパ進出にともなってラテン語使用が浸透し、ケルト語は最北西部にのみ残存した（ケルト辺境）。ラテン語は民衆語のレベルでさまざまに分化して、ロマンス諸語となった。

ゲルマン諸語は北欧とドイツ平原最北部に起源を持ち、紀元前一世紀ごろまでに黒海からライン川東岸まで拡大した。このゲルマン語を使用する諸集団（ゲルマン人）は四、五世紀にローマ領内に侵入、建国するが、ほとんどの地方では彼らのことばは、ロマンス諸語に吸収されてしまった。民衆語のゲルマン語化が起きたのはゲルマン人が大量に移住した東北ガリアとブリテン島だけである。

スラヴ諸語の原郷はヴィスワ川中流とドニエプル川の源流のひとつプリピャチ川の間の低湿地であろうと推定されている。ゲルマン人が西に移動した後、エルベ川とボルガ川の間、およびバルカン半島にスラヴ諸語を用いる集団が広がり、ヨーロッパに侵入・定住したステップ遊牧民も吸収しつつ、西スラヴ、東スラヴ、南スラヴの各グループを形成した。

こうして七世紀ごろには三大語群のおおよその勢力圏が形成された。その後中世における重要な変化としては、マジャール人（ハンガリー人）の侵入と定住によるスラヴ語圏の分断、ゲルマン語使用者であるドイツ人の東方進

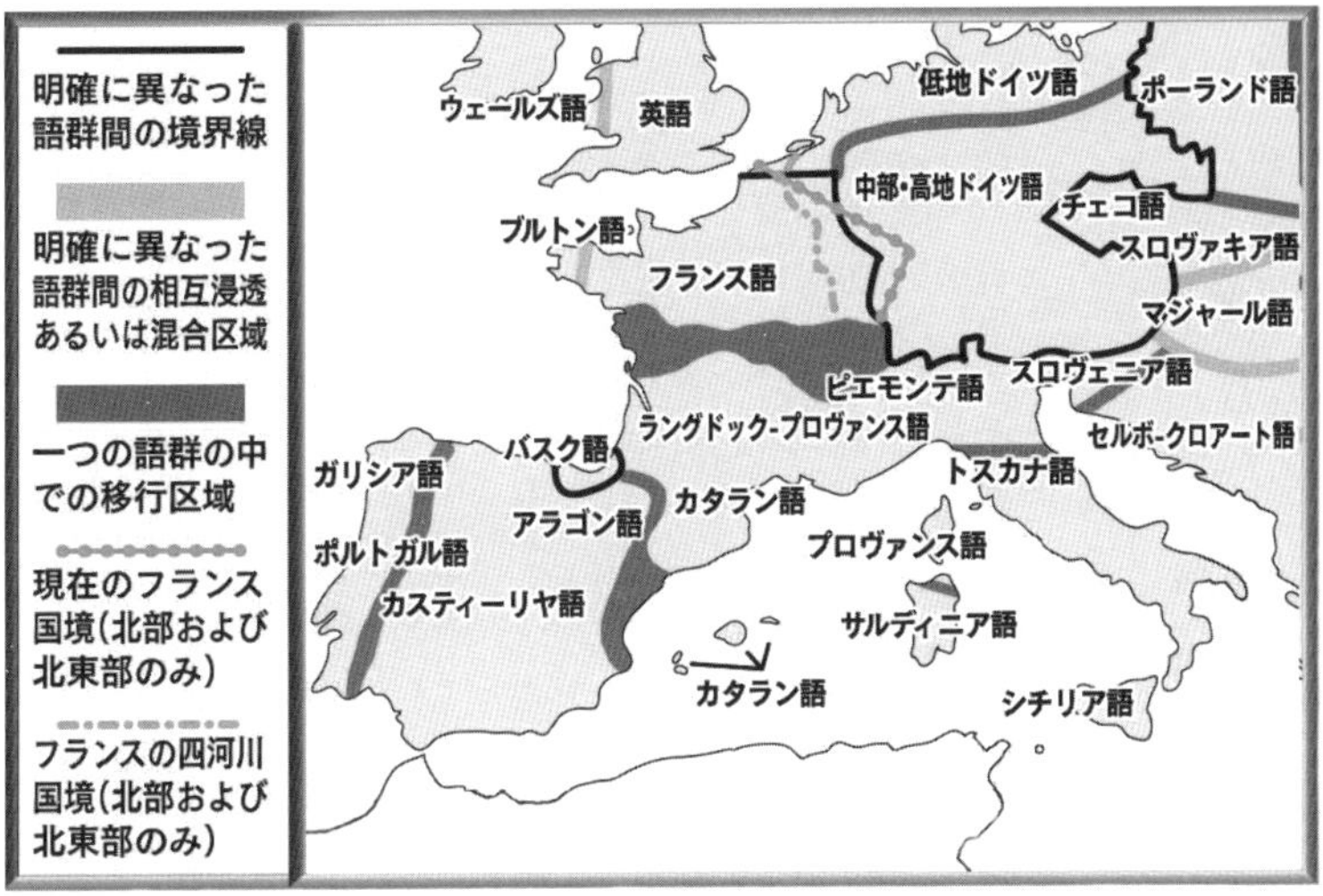


資料1－2　20世紀初めの日常言語の分布図

出、ロマンス語使用者であるルーマニア人の再結集（ローマ化したダキア人で、中世前期には所在が明らかでないが、一三世紀にカルパティア山脈から南下、一四世紀に二つの公国を形成）などを挙げることができる。近世以降のヨーロッパ諸国は民衆語の中の特定の方言を国家の公用語と定め、国内の言語統一に力を注ぐようになる。なお言語はいうまでもなく文化の一部であって、血統や身体的特徴とは無関係である。たとえば、ガリアに長期定住する集団がケルト語を使用する「ケルト人」からラテン語を使用する「ローマ人」に変わっていくことは、少しも不思議なことではない。

## ●民族

民族という概念は、一八世紀ごろを境に二つに分けて捉えるべきである。それ以前の民族をここでは特にエトノス（エトニ）と呼び、それ以後の民族としてのネイションと区別しておく。それではエトノスとは何であろうか。

前近代においても広域的な支配圏がしばらくの間持続すると、支配層や知識人の間に仲間意識、同族意識が育まれてくる。それは多くの場合、集団の名称、単一起源の神話、共通の歴史的体験の物語、それらに基づく文化的独自性の主張を生み出す。するとこんどはそれが根拠とされて、政治的連帯が正当化されるのである。またこのような神話、物語、主張は民間伝承となり、エリートのみならず民衆の意識にもそれなりの影響を及ぼす。こうしたまとまりがエトノスに他ならない。

しかし宗教や言語の共通性、政治組織の一体性などがこうした共属感覚をたえず再生産しなければ、それは比較的容易に変形、解体してしまう。ユダヤ人は離散と政治的隷属にもかかわらず、ユダヤ教信仰によって民族としてのまとまりを維持した。他方で、五世紀のガリアのエリートであった元老員貴族層にとって自分たちが「ローマ人」であることは自明のことであったが、三〇〇年後には彼らの子孫は「フランク人」となっているのである。中世、近世においても政治的、宗教的枠組みの変動に伴うエトノスの統合や分裂は絶えず繰り返された。「フランス人」「ドイツ人」といった集合的意識も、こうした過程の中から生まれてきたのであるが、これらは近代のネイションに継承されることとなった。

一九世紀以降、国家は法的に平等で参政権を有する成員（公民）の政治的共同体であるべきだという思考がヨーロッパで支配的となる。しかし各地の住民が国家への帰属を受け入れるためには、その住民全体に精神的連帯感情が必要であることも認識され、その感情はエトノスとしての「伝統」に求められた。この段階での「伝統」とは過去のエトノス意識が政治の必要に応じて再編されたものであり、これが教育やジャーナリズムを通して一般民衆にも絶えず注入されることとなる。こうして再編されたエトノスの上に被さる形で形成される公民としての政治的連帯がネイションである。したがって、私たちの講義の時代的な枠組みのなかでは「民族」ということばは、もっぱらエトノスの意味で用いられる。

## 三　カトリック圏と正教圏

### ●ヨーロッパ共通の文化基盤

風土、言語、民族の多様性にも拘わらず、ヨーロッパでは中世から人の交流が頻繁であり、諸地域の文化的な相互影響が顕著である。このような交流と影響関係の基礎となる共通性として、キリスト教とギリシア・ローマ文化の伝統を指摘することができる。キリスト教は一一世紀までにヨーロッパの大部分で唯一の公認宗教となり、支配体制と結合した。農村や都市の中心部で偉容を誇る聖堂と定時に鳴り響く鐘の音は、前近代のヨーロッパの景観を特色づける。

キリスト教会が中世前期からローマ・カトリック教会と東方正教会への分裂を深めていったことはよく知られているが、一一世紀の相互破門以後も、それぞれの教会が抱える信徒が同じくキリスト教徒であり、教会の統一がなんらかの形で回復されるべきだという命題が否定されることはなかった。

他方でヨーロッパ文化はギリシア・ローマ古典文化の権威と魅力から逃れられなかった。キリスト教はこの文化伝統に思想的に対決しつつまたそれに依存した。たとえば古典教養よりも信仰の価値が高いことを説く論説は、古典教養の重要な構成要素としての修辞学をふまえて執筆されねばならなかったし、三位一体の教義はギリシア哲学の知見を前提としてそれを超越しようとするものだった。このような事情で、ヨーロッパのいたるところで、ギリシア・ローマ古典学がエリート教育の骨格を構成することになった。そして古典の内容は狭義のエリート以外にも広く知られることになった。中世カトリック世界では、ホメロスの叙事詩のギリシア語原典を読み解くことができる者は多くはなかったが、その登場人物は口承文学にまで登場するのである。

## ●カトリック圏と正教圏

次にカトリック圏と正教圏という二つの宗教圏について考察する。もちろん、この両者の間においても交流は決して断絶してはいない。教会人は間欠的に教会統一について論じ合っており、世俗の権力者たちの通婚や同盟関係はしばしば見られた。商業活動が両教会のエリア区分にとらわれなかったことはいうまでもない。

しかしそれぞれの教会の勢力圏内部での交流ははるかに緊密であった。カトリック圏は九世紀以降多数の政治共同体に分かれたが、ひとつの世界でもあり続けた。まず教皇の権威は一五世紀まで普遍的であり、教会は国際的な組織であって高位聖職者たちは王国の枠にとらわれずに活動していた。また一三世紀からは大学が知識人にカトリック圏規模の移動と交流を促すようになった。その際ラテン語が共通語として機能した。国王や諸侯も外国の同輩と緊密な親族関係で結ばれていた。一般に女系を通じての相続が認められていたので、彼らが遠隔の地の支配権を相続することもめずらしくはなかった。

より下の階層の集団的な遠隔地移住もしばしば見られた。戦士たちについてはノルマン人の移動のような例があり、農民や都市民についてはエルベ川以東やイベリア半島での植民活動が挙げられる。また商人たちは移住した同輩たちと連絡をとって、広範なネットワークを築いた。

こうした緊密な人的交流から、諸地域に共通する制度や慣習が形成された。都市の自治制度や慣習法、各王国の身分制議会などはその例である。同身分者はしばしば王国の枠を越えた連帯意識を培った。各国の政治的エリートは自らの政治共同体を神に特別の恩恵を与えられた至高のものと主張していたが、他方でそれが同種の多数の中のひとつであることを明確に意識していた。

これに対して正教圏では一五世紀まで、都市コンス

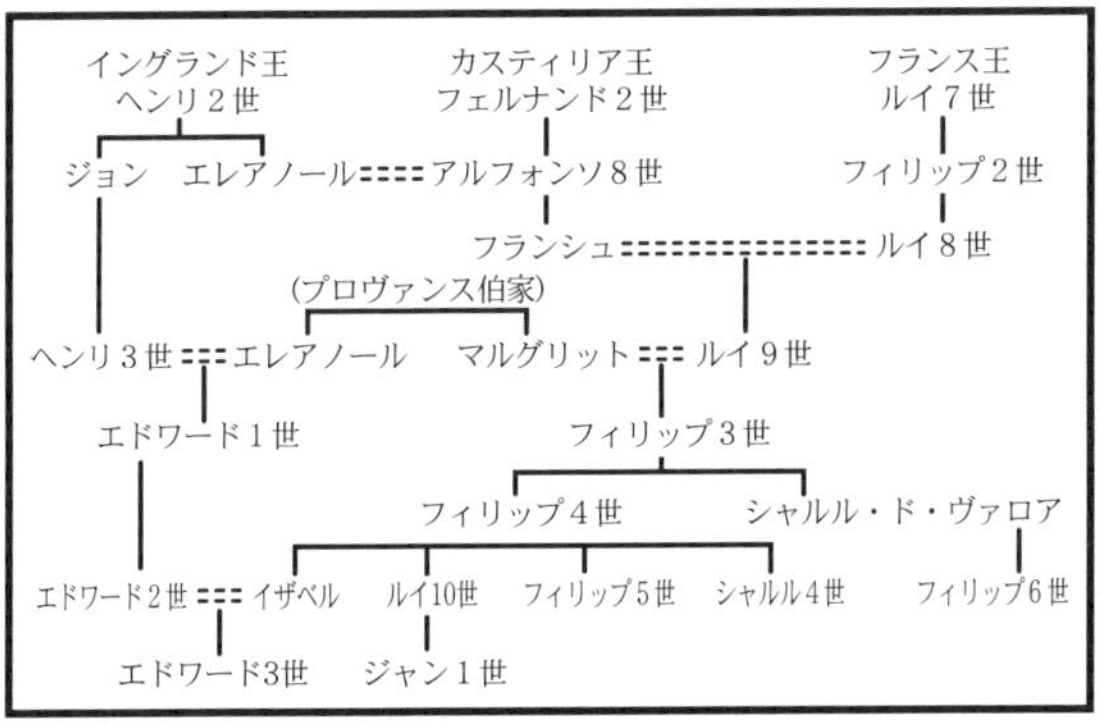


**資料１－３　13世紀英仏両王家の親族関係**

タンティノープルとビザンツ皇帝権が政治的、経済的、文化的に圧倒的な比重を持っており、人的交流もこれらを媒介として行われた。すなわちここでは、ひとつの中心に対して周辺諸地方がそれぞれ関係を保持するという交流の形が成り立っていたように思える。

一六世紀の宗教改革でカトリック圏は分裂し、プロテスタント圏が生まれた。しかしこのことで旧カトリック圏を特徴づけていた、緊密な人的交流と横並びの国際感覚が消滅することはなかった。宗教戦争の存在にも拘わらず、宗派的信念に基づくハードルはすぐに低くなった。地球全体に勢力を拡大した諸国も、この旧カトリック圏（あえて呼び名をつければ西欧文明圏）全体から人材と資金、着想を得ながらそれを成し遂げていくのである。他方正教圏ではオスマン帝国に征服されたビザンツ帝国に代わり、北方でロシア帝国が勃興する。第三のローマを称するこの帝国が、東方、南方に領土を広げつつ、西欧諸国をモデルとする近代化路線を歩むとき、ウラルからジブラルタルに至るヨーロッパがしだいにひとつの文明圏に接近していくのである。

# 2 ゲルマン民族大移動とカトリック圏の形成

## 一　ゲルマン諸族のローマ帝国侵入と建国

### ●ローマ帝国と西北・東北ヨーロッパ

紀元二世紀ごろ、地中海を取り巻くイタリア半島、バルカン半島、黒海沿岸、シリア・パレスティナ、エジプト、北アフリカ、イベリア半島といった諸地域はローマ帝国の支配下にあった。地中海はローマ人によって「われらが海」と呼ばれていた。ローマ人の支配は西北ヨーロッパにも延びており、ガリアとブリタニア南部がその支配下にあった。ガリア、ブリタニアに住んでいたケルト諸族は紀元前後にローマに征服されたが、比較的急速にローマ文化に同化し、都市も発展した。現代フランスの地方中心都市の多くはローマ時代に起源を持っている。

ライン川以東、ドナウ川以北でバルト海にいたるゲルマニアはローマ帝国には属していない。ここにはゲルマン諸族が展開し、多くの小部族国家に分かれて原始的な農耕と牧畜を営んでいた。彼らの中には貴族、一般自由人、奴隷といった階層が存在し、貴族は多くの家畜を所有し、奴隷に保有地を耕作させていた。彼らはまた戦士団を抱え、軍事では主導的な役割を果たしていた。重要な決定は民会でなされていたが、そこでも貴族の発言権が大きかったようである。ローマ人タキトゥスは、彼らの質実剛健な生活を高く評価し、ローマ人に警鐘をならしている。

ゲルマン諸族は三世紀ごろから移動と戦争を繰り返し、強大な王権に率いられるいくつかの大部族にまとまっていったようである。彼らとローマ軍はしばしば戦ったが、相互の商取引も活発であった。国境付近のゲルマン人の中には兵士や農民として帝国の支配下にはいる者も多く、中には将軍としてローマで実権を握る者も現れた。

## ●ゲルマン民族大移動

四世紀後半にステップ遊牧民のフン族がウラル山脈方面から西に進み、黒海北岸に定住していたゲルマン系の東ゴート族を従属させ、西ゴート族を圧迫した。このため西ゴート族は三七六年に大挙してドナウ川を越えてローマ領内に入り、ローマ軍を破ってバルカン半島に入植した。その後彼らはイタリア半島に侵入、史上初めてローマを陥落させ略奪した後、南ガリアとイベリアを占拠し、ここに王国を建てた。五世紀の初めにはヴァンダル族、ブルグント族などがライン川国境を突破して、ヴァンダル族は北アフリカに、ブルグント族はガリア東部に建国した。他方でフン族は西ゴート族に続いてドナウ川国境から侵入し、アッティラ大王の下でライン川からウラルに広がる大帝国を建てたが、王の死後その帝国

この扈従（従属戦士）たちの間には，その仕えている人の判断によって，段階がある。従ってここに激しきは，自らの主人の許における第一席は誰々によってしめられるであろうかとする扈従たちの争い，および誰が最も多くの，且つ最も精鋭なる扈従者を獲るであろうかとする長老（貴族）たちの競いである。常に選ばれたる若者の大いなる群に囲繞せられることは，平和には誇りであり，戦には防衛である。これが［長老の］権威であり，これが力である。おのれの有する扈従の数と意気において優越を示す場合，何人といえども，ただに自らの部族においてのみならず，近隣の諸邦においてさえ，それが名誉とせられ，光栄と仰がれる。すなわち彼らは［諸方より］使節来訪の名誉を受け，贈物に飾られ，しかも単にその声名そのものによって戦争を決定することも多いのである。

（田中秀央，泉井久之助訳，岩波文庫）

**資料2－1　タキトゥスの『ゲルマーニア』より，長老（貴族）と扈従《こじゅう》（従属戦士）について**

は急速に解体した。フン族への従属を脱した東ゴート族は五世紀末にイタリアに侵入して東ゴート王国を建てた。これらゲルマン人は大所領の一部を接収して入植し、崩壊したローマ軍に代わって地域の防衛を引き受けた。

しかし五、六世紀に地中海沿岸地方にゲルマン諸族が建てた王国では、ゲルマン人はきわめて少数であった。また彼らはキリスト教を受容したが、ローマで四世紀末に最終的に異端とされたアリウス派キリスト教（キリストに人性のみを認める）を意図的に選択し、アタナシウス派キリスト教（キリストに人性と神性の共存を認め、神を三位一体のものとする）を奉ずるローマ系住民との差異化を図っていた。これらの事情からその支配はかなり不安定であり、王国としては短期間しか存続しなかった。

東北ガリアでは五世紀からフランク族

『山川世界史総合図録』1997より

資料2－2　ゲルマン民族の大移動

が進出し、世紀末にはクローヴィス王に率いられてパリ盆地を中心に王国を建てた。またブリテン島では五、六世紀に北ドイツからアンゲル族、ザクセン族（アングロ・サクソン人）などが侵入し、ケルト系住民を圧倒しながらいくつかの小王国を建てていった。これらの地域ではゲルマン人は家族単位で大量に入植し、ローマ文化の影響を受けながらも、古い文化伝統とのつながりも保持していた。これらの王国が比較的長期間存続し、中世諸王国の母体となりえたのはこうした事情によるものであろう。時期は遅れるが、七世紀にイタリア半島に侵入したランゴバルド（ロンバルド）族も、入植形態からはフランク族やアンゲル族、ザクセン族に近い。

## 二　環地中海世界の解体とカトリック世界の誕生

### ●環地中海世界の存続

五、六世紀においては、ゲルマン諸族の侵入、建国、西ローマ皇帝権の消滅にもかかわらず、地中海をとりまくローマ世界はなお存続していたということができる。

まずコンスタンティノープルのローマ皇帝権は、ゲルマン人などの侵入によって大きな打撃を受けることなく存続していた。西ローマの皇帝権は四七六年に消滅したが、それはロムルス・アウグストゥス帝が廃位された後、有力者がもはや帝位を求めなかったからであって、ゲルマン諸王がローマ帝国の廃絶を求めたからではない。結果として旧西ローマ帝国領は、なお存続しているコンスタンティノープルの皇帝権の宗主権の下に置かれることになった。帝国領内のゲルマン諸王は、この東ローマ皇帝の代官としての立場によって、ローマ人を統治したのである。

六世紀の東ローマ皇帝ユスチニアヌス大帝は、イタリアの東ゴート王国、北アフリカのヴァンダル王国を滅ぼし、またイベリアの西ゴート王国を圧迫して、一時は地中海を取り巻く直接支配を再現した。これにより彼はしばしば最後のローマ皇帝と称される。

**●環地中海世界の解体**

これに対して七、八世紀になると環地中海世界としてのローマ世界は完全に解体し、ローマを中心とする西方教会が主導する世界（カトリック世界）と、皇帝およびコンスタンティノープルを中心とする東方教会が主導する世界（正教世界）という二つのヨーロッパ世界が浮上してくる。その主な要因として三つの動きを指摘することができるだろう。

第一はイスラームの大征服である。ムハンマドの死後、アラビア半島のイスラーム教徒は東西への大征服を開始した。西方では七世紀前半にシリア、パレスティナ、エジプトが、世紀後半には北アフリカがその支配下に入った。これにより、かつてオリゲネス、アウグスティヌスをはじめとする高名な教会指導者たちを輩出した地中海の南岸の諸地方はキリスト教圏を離脱し、イスラーム圏として今日に至っている。さらに八世紀初めには彼らはイベリア半島に侵入、西ゴート王国を滅ぼして半島の大部分を征服した。またサルディニア、シチリア、クレタといった地中海の島々にもイスラーム勢力の拠点が生まれた。なお二〇世紀前半のベルギーの歴史家アンリ・ピレンヌは、このイスラームの征服が地中海商業の衰退と西欧の農村化を生み出し、真の意味での中世世界の開始を画したと主張した。今日では経済史に関する限り、これに対する批判的見解が有力である。しかし政治や文化を含めた総合的観点からは、彼の見解にはなお継承すべきものがある。

二番目に挙げられるのは、コンスタンティノープルの皇帝権（七世紀以後はビザンツ皇帝権と呼ぶ）の相対的な弱まりである。イスラームの大征服だけでなく、イタリア半島へのランゴバルド族の南下と定住、バルカン半島へのスラヴ諸族の南下によって、皇帝の直接統治領域は著しく狭まった。

第三に、ビザンツ皇帝およびビザンツ教会とローマ司教＝教皇（パパ）および西方教会との関係が、しだいに疎遠なものとなった。ローマ司教は皇帝がもはや強力な保護者ではないことを認識し、西方世界の宗教指導者としてより自立的な姿勢を取るとともに、ゲルマン人、ケルト人に布教して自らの勢力圏を拡大していく。八世紀ビザンツ教会における聖像崇敬論争と聖像破壊運動に対して教皇と西方教会は独自の立場を貫き、カロリング朝のフランク王権へ接近した。八〇〇年のフランク国王カールの西ローマ皇帝戴冠によって教皇はビザンツ皇帝との提携関係を完全に断ち切ることになる（後に詳述）。

## 三　ローマ・カトリック教会の発展

### ●ローマの国家宗教としてのキリスト教

キリスト教は三一三年にはコンスタンティヌス大帝によって公認され、三九二年にはテオドシウス大帝によって国教化された。教会は公認前から帝国の行政組織をなぞる形で自己組織化を進めていた。地中海沿岸地方では都市区（キヴィタス）ごとに信徒を統率する司教（正教では主教と呼ぶ）が置かれ、また各地域の教会をつなぐ広域組織が作られていた。しかしそれは今や帝国を補強する全体組織として整備されるようになった。すべての都市区に司教が置かれ、司教座聖堂と司教区が設定された。また属州の行政中心となる都市区の司教は首都司教（後のカトリック世界の大司教、正教世界の府主教）と称して、その属州（教会州）の他の司教たちを統率するようになった。頂点にはローマ、コンスタンティノープル、アレクサンドリア、アンティオキア、エルサレムの五つの総大司教（主教）座が置かれ、周辺の首都司教を監督した。こうした組織の中で司教たちは皇帝からさまざまな権限を委託され、その統治を支えることになった。

キリスト教では公認前から教義をめぐる争いがあり、その理論的指導者（教父）たちはギリシャ哲学を応用して、厳密な教義の確定に取り組んでいた。教会が公的な地位を獲得すると、教義をめぐる争いも公的な意味を持たざるを得ず、権力が介入するようになった。四世紀にはイエスは人間か神かという問題や、聖書に言及される「聖霊」の位置づけの問題をめぐって、アリウス派とアタナシウス派が対立した。三八一年の第一コンスタンティノープル公会議はこの問題に最終的決着をつけたが、その結論は、唯一の神が「父」「子」「聖霊」という三つの異なる現れ方をし（三位一体説）、イエスは人性と神性をともに備えるというものである。

### ●東西両教会の亀裂

ローマの司教は三世紀から全キリスト教会への首位権を主張し、その主張は帝国西部では一般的に認められるようになった。主張の根拠は、ペテロが使徒の長としてイエスから地上の教会を託された「神の代理人」であり、ローマ司教はその後継者であるということである。しかし教会組織が帝国のそれをなぞったものであることを考えるならば、ローマ司教の地位は帝都としてのローマの地位に由来するものと見るべきであろう。帝国西部の行政組織はゲルマン人侵入で解体し五世紀末には消滅するが、教会組織はこの激動を乗り越えて存続した。ローマ司教は五世紀には教皇（パパ）という称号を用いるようになり、帝国西部の教会組織のみならず、ローマ人全体のリーダーとして振る舞うようになった。これに対して四世紀からの帝都であるコンスタンティノープルの主教は、東ローマ皇帝権に緊密に結びつき、ローマと並ぶ総主教としての権威を発揮しながら帝国東部の諸主教と教会をリードするようになった。

　東西両キリスト教会の間では典礼で使用する言語も異なり（東方がギリシア語、西方がラテン語）、しだいに意識や慣習のずれが生じ、八世紀のビザンツ教会における聖像崇敬論争と聖像破壊運動によってお互いに不信感を深めた。九世紀には、三位一体の構成要素のひとつである「聖霊」は「父」からのみ発するのか、「子」からも発するのかという教義論争も発生した。その後一時的には歩み寄りも見られたが、一一世紀にはついに決裂し、相互に相手を弾劾するに至った。

　西方教会とビザンツ教会はそれぞれ新しい勢力圏の形成を進めた。ローマ教皇と西方教会は六世紀ごろからゲルマン諸国との結びつきを深めた。地元のローマ

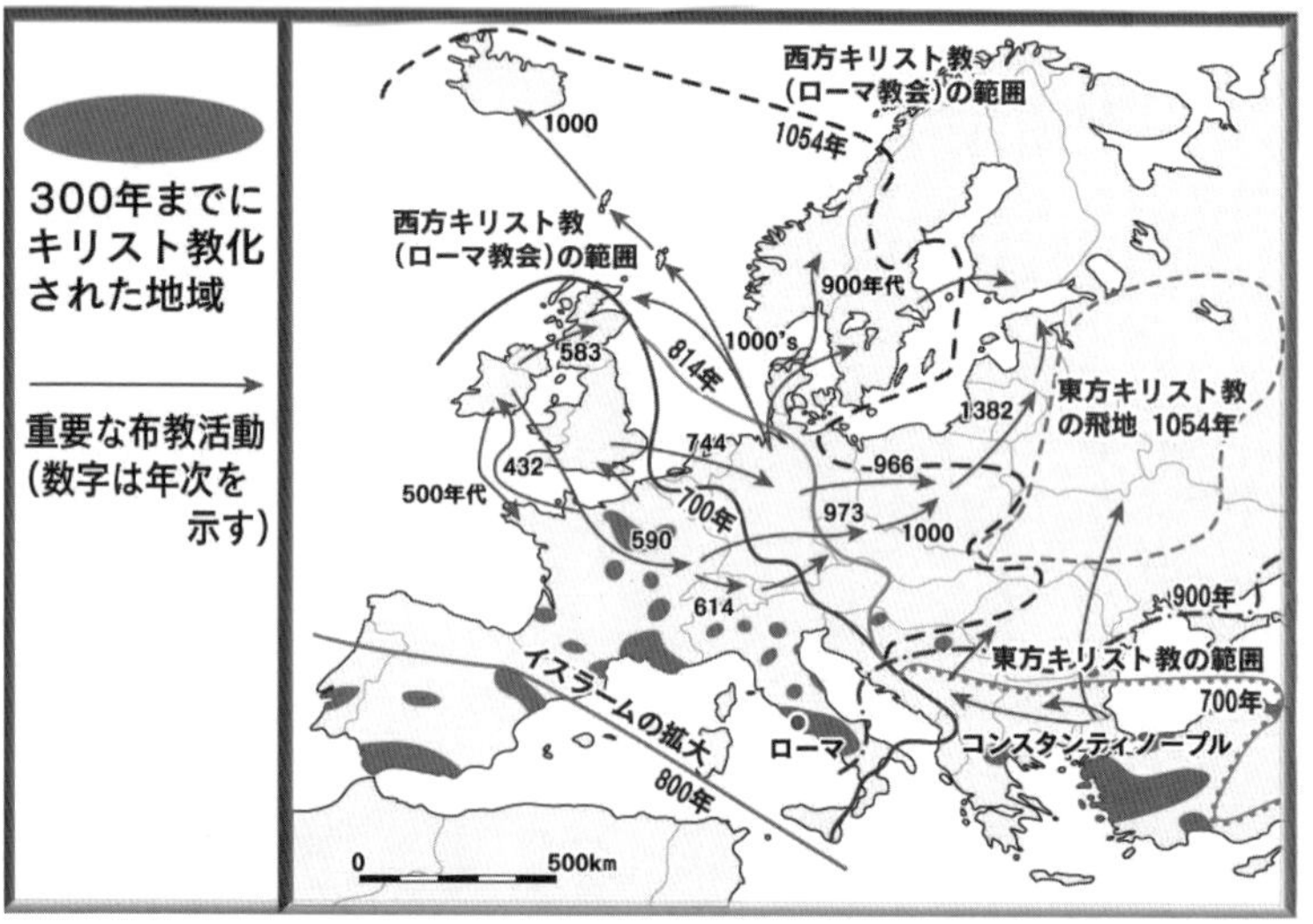


T.G.ジョーダン『ヨーロッパ文化―その形成と空間構造―』大明堂，1989より

資料2－3　ローマ・カトリック世界の発展

人聖職者やローマ教皇から派遣される布教者たちにより、ゲルマン諸王国の支配層はアリウス派から、あるいはまったくの異教から、アタナシウス派のキリスト教徒に次々と改宗した。また五世紀にアタナシウス派キリスト教を受容し、六世紀には大陸やブリテン島に多数の布教者を送り出したアイルランドの役割も大きい。こうしてカトリック世界が徐々に姿を現す。これに対してビザンツ教会はやや遅れて八世紀からバルカン半島や東北ヨーロッパのスラヴ人に布教を行い、正教世界を形成していく（後に詳述）。

### ●修道制と修道院

キリスト教では、宗教的向上のためにキリストの使徒を見習い、世俗の生活を捨てて禁欲的な修行生活を送ることが三世紀ごろから行われるようになり、公認後は戒律の下に共同生活を行う共住修道制が特に発展した。東方教会では四世紀の聖バシレイオスによって

> 48条　毎日の手の労働について。怠惰は魂の敵である。それゆえ兄弟（修道士）たちは特定の時刻には手の労働に，さらに特定の時間には聖なる読書に従事しなければならない。したがってわれわれはそれぞれの時間を次のような配分で定めるのがよいと信ずる。すなわち復活祭から10月1日までは，朝に一時課（「一時」は現代の午前6時ごろ。「課」は定時の祈祷典礼）を終えた後第四時（現代の午前9時半ごろ）頃まで必要な労働を行うべきである。一方第四時から六時課（六時は現代の正午ごろ）を行う時刻までは読書に専念すべきである。しかし六時課の後，食事の席をたった後は各自の寝台で完全に沈黙を守って休んでよい。……また九時課は少し早めに，第八時の半ば（現代の午後4時頃）に行われるべきである。再び晩課（現代の午後7時頃行われる）までは行うべき仕事に携わるべきである。しかし，その地の事情や貧しさのために自分たちで穀物の収穫を行わねばならなくとも，悲しんではならない。なぜならわれわれの父祖や使徒たちのように，自らの手の労働により生活するのであれば，これでこそ真の修道士なのである。
> （渡邊浩訳，『西洋中世史料集』東京大学出版会，2000年より抜粋）

**資料2－4　『ベネディクト戒律』**

カッパドキアのカエサレアで創始された修道制が以後の基本となった。西方教会では四、五世紀ガリアのマルムーティエ修道制やレランス修道制、六、七世紀のアイルランド修道制がそれぞれ一時期を画したが、七世紀後半からベネディクト修道制が徐々に影響力を拡大し、八世紀末になってフランク王権と結びついてカトリック圏全体に支配的地位を占めるようになった。これは六世紀に聖ベネディクトゥスがイタリアのモンテ・カッシノ修道院で創始されたものとされる。いずれの修道制においても、共同の典礼、瞑想、労働といった営みが重視されている。

修道院の発展は、当時の支配階級の宗教観と密接に関連している。彼らは修道院の儀式化された祈祷（典礼）が、神の恩寵を得る上で不可欠であると考えていた。彼らはとりわけ神の恩寵による自身および親族の宗教的救済を求め、修道士の典礼祈祷に大きな期待をかけた。ここから王侯による修道院創立、領主階級からの土地寄進が行われ、修道院所領の著しい拡大につながったのである。

# 3 ビザンツ帝国の発展と正教世界の形成

## 一　ビザンツ帝国の誕生と発展

### ●ビザンツ帝国の誕生

四世紀末に始まるゲルマン諸民族を中心とした民族移動によって、ローマ帝国は崩壊への道を歩み始めたといわれる。実際、四一〇年にはアラリック率いる西ゴート族により「永遠の都」ローマは陥落したし、四七六年には帝国西方に皇帝は存在しなくなった。いわゆる西ローマ帝国の滅亡である。

けれども目を地中海世界の東に転じてみれば、ローマ帝国の東側部分はほとんど無傷のままであることが判明する。バルカン半島こそゲルマン諸族の通過点となったために大きな混乱を経験したものの、それ以外の多くの地域は外敵の侵入を被ることもなく四世紀と変わらぬ繁栄を続けていたのである。

この国家を指して、ふつう「東ローマ帝国」と呼ぶことが多い。けれども、もはや西方に帝権が存在しなくなった以上は、当時の世界にあっては東側半分になってしまってはいてもこの国こそがローマ帝国なのであった。じっさい、地中海の西方に新たに誕生したゲルマン族の諸国家の多くは、あくまで形式上のことではあったが、それでもこの東方のローマ皇帝の権威を重んじ、その承認を受けて自分たちの支配を正当化させたのである。

ただし、このいまだ存在し続けるローマ帝国が、三世紀以前の帝国とは大きく様変わりを遂げつつあったことも事実である。まず第一に、帝国の首都はかつてのローマ市を遠く離れたボスフォラス海峡の西に位置するビザンティウム、この町を都とした皇帝コンスタンティヌス一世（単独在位三二四〜三七年）にちなんだコンスタンティノープルに移っていた。これにともない、また西方に帝国の支配が及ばなくなったこともあって、帝国の重心は大きく東方へ、すなわちギリシア語を主要言語とするヘレニズム的な世界に移っていた。

そして第二に、三一三年に発布されたミラノ勅令によって帝国内でキリスト教の存在が公認された後、その後の皇帝たちの積極的な保護政策もあって、キリスト教は帝国中へと加速度を帯びて広まった。三九二年には皇帝テオドシウス一世（在位三七九〜九五年）によってついにキリスト教以外のあらゆる異教信仰が禁止され、この国はキリスト教を国教とするに至った。同時に、このキリスト教の信仰を背景として皇帝は自ら「神の地上における代理人」を自認するようになり、世界を支配する専制君主としての性格を一層強めていった。

後世の歴史家たちは、このようなローマ帝国の変貌を重視し、また地中海世界を制覇した栄光あるローマ帝国と区別して、この国をビザンツ（ビザンティン）帝国と呼んでいる。以下では、この国家を「ヘレニズム的東方に位置するキリスト教化されたローマ帝国」というその新たな姿にあわせてビザンツ帝国という通称で呼んでいくことにする。

ビザンツ帝国の始まりはいつなのかについては、必ずしも誰もが納得できる解答はない。ただし、一般にいわれているのは、ミラノ勅令の後、キリスト教を保護する政策を積極的に推進したコンスタンティヌス一世が、三三〇年に都をコンスタンティノープルに移したことが画期となることである。ただし、いまだローマ帝国は地中海世界全体を支配し続けていたことからもわかるように、初期のビザンツ帝国とは末期のローマ帝国と時期的に重複する。ビザンツ的な諸特徴が全面的に展開するには七世紀を待たなければならない。

### ●六世紀の繁栄

六世紀は、古代ローマ帝国的な国家からビザンツ的な国家へと変貌する過渡的段階といえるが、それでも皇帝や帝国の住人にとって、自分たちの国家は紛れもなくローマ帝国なのであった。そのことを明白に示しているのがユスティニアヌス一世（在位五二七～六五年）による旧帝国領の再征服活動であろう。彼は地中海帝国としてのローマ帝国の復活を夢見て、まずは北アフリカのカルタゴ地域に建国していたヴァンダル王国をその内紛に乗じて軍隊を派遣し滅亡させた。続いてイタリア半島にも派兵し、こちらは長期戦の末に東ゴート王国を征服した。さらには、イベリア半島の西ゴート王国に対しても軍を差し向け、その

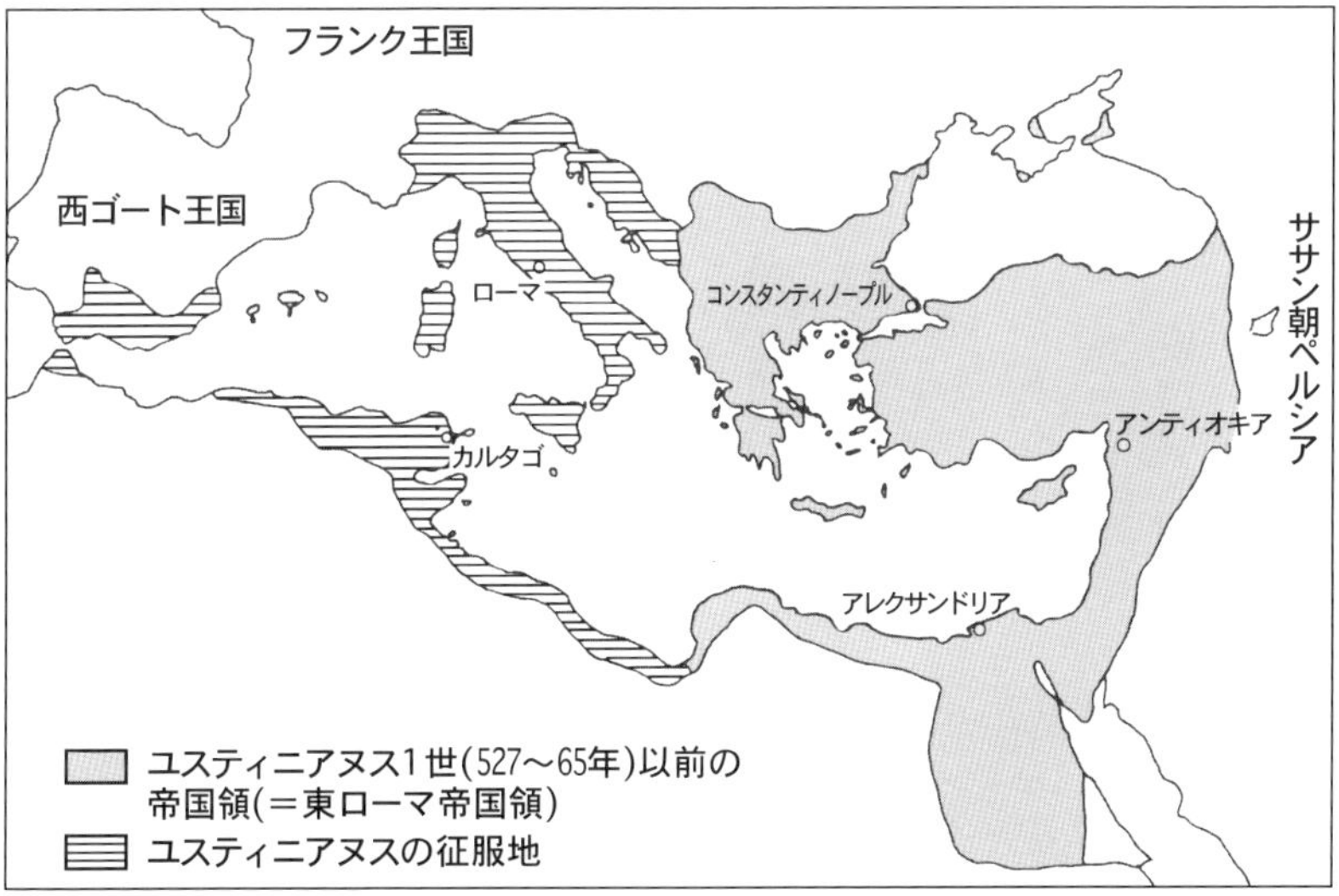


資料3－1　6世紀半ばのビザンツ帝国

一部を占領することに成功している。こうして、一時的ではあったが地中海は再びローマ帝国の内海となったのである。

さらに、ユスティニアヌス帝のローマ意識は、彼が法学者トリボニアヌスらに命じて古来のローマ法規を集大成させ、『ローマ法大全』を編纂させたことにも見て取ることができよう。このようにユスティニアヌス一世は「ローマ人の皇帝」というビザンツ人の自覚を最も明白に示した皇帝であったと言うことができるのである。

ただし、彼は古いローマ理念にのみ縛られた単なる復古主義者というわけではなかった。ユスティニアヌス帝の功績として同時に必ず挙げておかなければならないのが、コンスタンティノープルに当時としてはキリスト教世界最大の聖堂となる聖ソフィア聖堂を再建したことである。彼はまぎれもなくキリスト教皇帝だったのである。そしてもう一つ、ユスティニアヌス帝が編纂したローマ法がラテン語で書かれていたのに対して、彼が新たに発布した勅令はすべてギリシア語で書かれていたことも注目に値する（ギリシア語が公用語となるのは七世紀）。以上は、彼が単なる伝統を重んじるローマ皇帝というだけでなく、確実にビザンツ的な要素を帯びた存在であったことを示しているのである。

ビザンツ帝国の首都コンスタンティノープルが最も栄えたのは六世紀頃であった。エジプトからもたらされる穀物によって市民には無償でパンが配給され、競技場では盛んに馬車競技などが催され人々に娯楽を提供した。いわゆる古代以来の「パンとサーカス」はこの町では依然として継承されていた。

帝国の繁栄は地方においても確認することができる。例えば、小アジア南西部にあたるリキア地方では、おそらく聖地への巡礼との関わりで、小規模な巡礼地が急速に発展を見たことが、日本人の調査隊（リキア地方ビザンティン遺跡調査団）の十年以上の調査・発掘から明らかにされつつある。現在トルコ語でゲミレル島と呼ばれる東西一キロメートルほどの小島では、美しいモザイク床を持つ聖堂をはじめ、初期ビザンツ時代としては異例な遺構が多数確認されている。

## ●七世紀の危機

けれども、東方を中心とした経済や文化面での繁栄が終焉を迎える日は目前に迫っていた。七世紀、地中海世界は未曾有の危機に見舞われることになる。それをもたらしたのはアラビア半島に端を発するイスラーム教の急速な発展であった。

ヤルムーク河畔の戦い（六三六年）での敗北を端緒に、ビザンツ帝国はシリア・パレスティナ地方を失い、次いでイスラーム軍の進撃はエジプトから北アフリカを西進し、八世紀にはイベリア半島の西ゴート王国を滅亡させ、ピレネー山脈を越えてフランク王国と対峙した。この間、ビザンツ帝国も七世紀六〇年代と八世紀初頭に二度にわたり首都コンスタンティノープルをイスラーム軍によって包囲され、国家存亡の縁に立たされることになった。

約二世紀ぶりにヘラクレイオス帝（在位六一〇―四一年）が自ら出征して戦場に立つなど、必死の防戦の結果帝国は生き残ったものの、八世紀初めに帝国に残された主要な領土は、東方では小アジア半島のみとなり、西方ではかつてのドナウ川国境は防衛力を喪失し、バルカン半島の大部分はスラヴ人やそれに続いたブルガール人の占領するところとなり、ビザンツは沿岸部や島嶼部に領土を限定された。六世紀の中頃に比べるならば、帝国の支配領域はわずか数分の一に縮小し、かつての大帝国ローマの面影はなくなり、ローマとはあくまで理念面に限定されたビザンツとしての新たな時代が始まることになった（中期ビザンツ時代）。

断続的なイスラーム勢力の侵攻に対して、ビザンツ側がとった防衛システムは、敵軍を国境線で防ぐことを諦め、小アジアを五つの軍管区（テマ）に分けて、住民である農民層から兵士を募ることで減少した兵力を補い、それぞれの地域の防衛を委ねるというものであった。帝国側が国境を越えて攻勢に転じるケースもないわけではなかったが、基本的にはテマ軍を中心とした戦略は防衛を主とするものであったといえる。

### ●聖像論争

八世紀に入り対外的な危機が峠を越えようとする頃、ビザンツ帝国に宗教にかかわる大きな論争が勃発した。イコンをめぐる論争である。イコンとはキリストや聖人たちを描いた画像のことであるが、帝国国内ではキリスト教が広まる過程でこれを聖なる画像、「聖像」として崇拝する動きが強まっていた。これに対して、旧約聖書の

資料3－2　8世紀半ばのビザンツ帝国

「モーセの十戒」で禁じられている偶像崇拝に当たるのではないか、との疑念から論争が生じたのである。

七二六年に皇帝レオン三世（在位七一七～四一年）はイコンそのものの禁止に踏み切り、イコン破壊（イコノクラスム）運動が開始された。イコンを擁護する側からは、自分たちはけっしてイコンを崇拝しているのではなく、そこに描かれている人物を崇めているのであって、この行為は崇拝ではなく崇敬であるとの反論がなされた。

イコノクラスムは時に皇帝の側から敵対者たちへの激しい迫害を伴いつつ、途中三〇年ほどのイコン復活期をはさんで一世紀以上にわたり続いた。結局、最終的にはイコンは全面的に帝国内で復活することになり、ビザンツ教会ではイコンはますますその重視度を増していくことになる。けれども、長らく続いたこの聖像論争によって、イコンを容認するローマのカトリック教会との間では対立が深刻化したため、この後二つの教会の間の溝が深まっていった。

## ●スラヴ人への布教

八世紀末になると、膠着状態にあった東方国境とは異なり、バルカン半島側でビザンツは領土を回復する政策に着手した。小アジア側からの入植者により数的優位を確保しつつ、現地のスラヴ人をキリスト教に改宗させて帝国民化する同化政策を展開したのである。こうして九世紀前半にはバルカン半島南部、現在のギリシアの領域に新たに軍管区であるテマが次々と設立され、帝国は領土を拡大させることに成功した。

九世紀中頃になると、帝国の隣国であるブルガリア人（この頃までにはブルガール人は言語文化的にはスラヴ化していた）への布教活動が積極化した。「スラヴ人の使徒」として有名なキュリロスとメトディオス兄弟による布教活動が始まったのもこの頃である。彼らは、求めに応じて遠く中欧のモラヴィアまで出向いた。このモラヴィア布教は最終的には成功を見なかったが、キュリロスたちはスラヴ人たちのために文字を発明し、スラヴ語による布教を試みた。キュリロスの発明した文字そのものはその後廃れたようであるが、ロシア・ブルガリア・セルビアなどで今日使われている文字は、キュリロスにあやかってキリル文字と呼ばれている。そのブルガリアでは八六四ないし五年に国王ボリスが洗礼を受け、さらにキュリロスらの弟子たちを受け入れたためキリスト教化が大きく進展することになった。また、同じく南スラヴ族に属するセルビア人たちもほぼ同じ頃にキリスト教を受け入れている。

**●征服の時代**

九世紀中頃以降、小アジアへのイスラーム軍の侵攻が影を潜める頃になると、帝国政府は軍事単位であった軍管区テマを行政区へと再編成することに成功し、中央集権

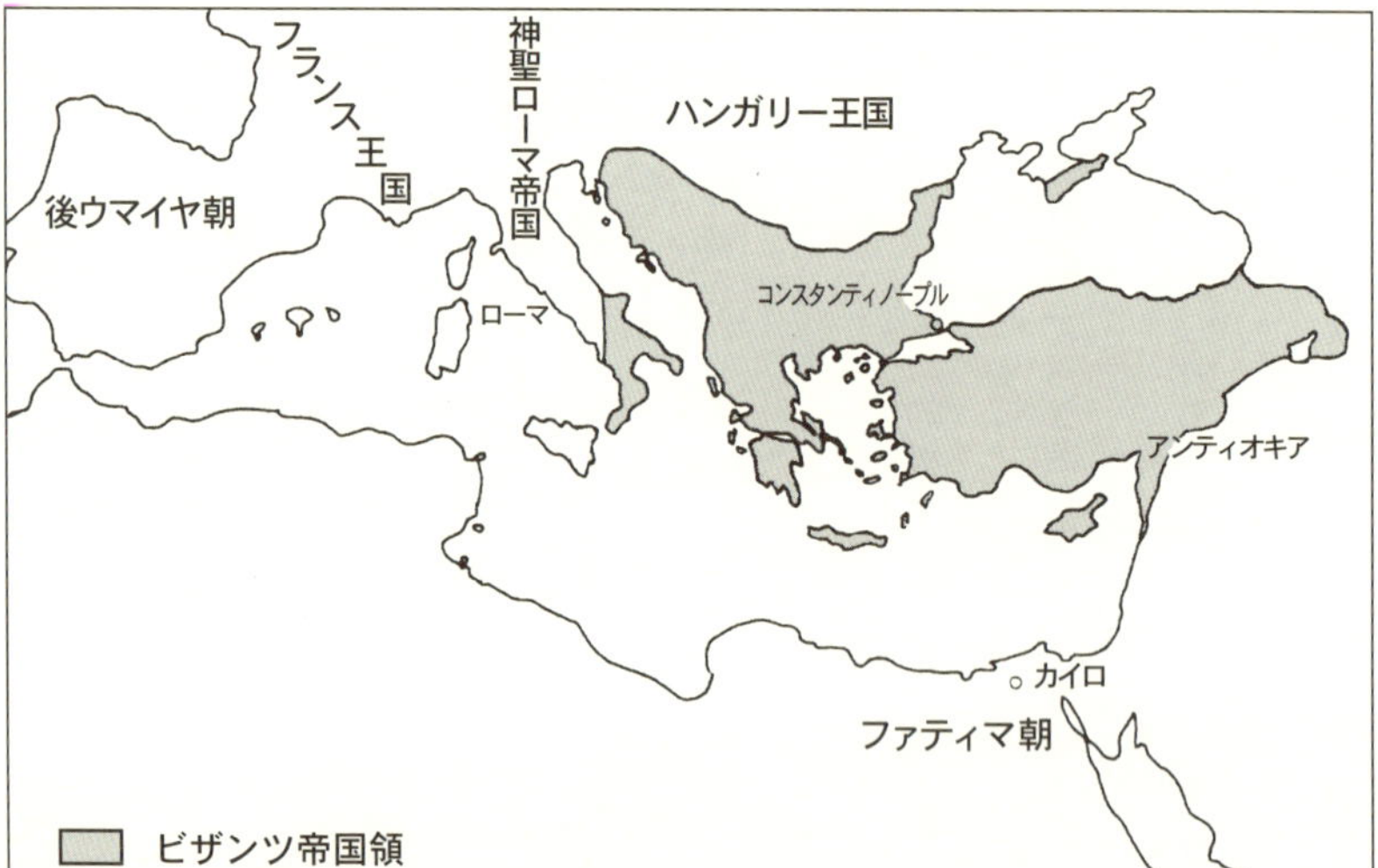


資料3－3　11世紀半ばのビザンツ帝国

的な国家体制を確立させた。やがて、戦場は国境地域に限定されるようになり、イスラーム側の政治的分裂もあってビザンツ側は軍事的に優位に立つことになった。マケドニア王朝（八六七～一〇五六年）下での「征服の時代」が開始されたのである。とりわけ、一〇世紀後半には東方国境はユーフラテス川を越え、またシリアのアンティオキアを奪還し、さらに遠征軍はパレスティナ方面にまで進出して赫々たる戦果を挙げた。

そしてビザンツ帝国にユスティニアヌス帝以来最大の領土をもたらしたのが、バシレイオス二世（在位九七六～一〇二五年）であった。彼はキリスト教へ改宗した後も敵対を続けるブルガリアに対して徹底した戦いを挑み、一〇一八年にはこれを完全に征服することに成功した。彼が死去した一〇二五年の時点で東地中海地方にはビザンツ帝国に対抗できる国家はもはや存在していなかった。

## 二　正教世界

### ●正教世界の成立

コンスタンティノープルを中心とするキリスト教である正教（オーソドックス）が西方のローマを中心とするカトリック教会と最終的に袂を分かつのはもう少し後の一〇五四年ではあるが、すでに両者は別の道を歩み始めていることは明白であった。教会での儀式である典礼はカトリック世界では一貫してラテン語で実施されたのに対し、東方の正教会においては、ビザンツではギリシア語で、そしてスラヴ諸民族ではスラヴ語（教会スラヴ語）でと民族ごとの自主性が重んじられていた。このような習慣上の相違は、教義上のわずかな諍い以上に両者の溝を大きくしていくことになった。

最後に、正教世界の拡大において忘れてならないのがロシア、当時のキエフ＝ルーシの動向である。ルーシ人たちはすでに略奪を目的に、あるいは通商を求めて九世紀後半以降、海路コンスタンティノープルに姿を見せるようになっていた。一〇世紀には、帝国側に傭兵を提供することもしばしばあり、ビザンツとの関係はより緊密なものとなっていた。そのルーシの指導者であるキエフ大公ウラジーミルが、バシレイオス二世の妹をその妃に迎えることを条件にキリスト教に改宗したのが九八八年であった。いまだ広大なロシアの大地には異教の勢力が残ってはいたが、今後正教世界の中でロシアは重要な役割を果たすことになる。

# 4　フランク王国・外民族侵入・西欧諸国の誕生

## 一　フランク王国

### ●メロヴィング朝フランク王国

カトリック圏ヨーロッパにおける王国と王権の原型を作ったのは、フランク族である。フランク族は三世紀ごろライン下流の小部族が合体して形成されたもので、四、五世紀にはネーデルラント地方、ライン川、ムーズ、モーゼル川流域を支配していた。五世紀の末、サリ支族の小王のひとりクローヴィスが北部ガリアのローマ系軍閥を倒してパリ地方に進出し、フランク族を統一した。彼に始まる王朝を彼の祖父にちなんでメロヴィング朝と呼ぶ。彼はガリアのローマ系住民の支持を求めて四九六年ごろランスで洗礼を受け、ゲルマン王としては最初に異教からアタナシウス派キリスト教に改宗した。

この国は六世紀半ばまでにアラマン族を服属させ、西ゴート王国を圧迫、またブルグント王国を滅ぼしてガリアの大部分、ゲルマニアのマイン川流域、ドナウ上流域までを支配下に収めた。しかしフランク族の伝統であった分割相続原則を王国にも適用したので、王国は分王国と服属諸民族の領域の寄せ集めに過ぎなかった。メロヴィング王家はまもなく統率力を失うが、有力者たちは個別に割拠することなく、王に代わる指導者を求めた。こうして各分王国では宮宰（王宮の長官）と呼ばれる役職者が実権を握り、互いに覇を競うようになった。

## ●ピピン・アルヌルフ家と封建制

七～八世紀の交には東のアウストラシア分王国の宮宰を務めるピピン・アルヌルフ家の勢力が増大し、ピピン二世（七一四没）はフランク王国を統一した。その子カール・マルテルは、父の死後離反した諸地域を征討するとともに、七三二年にはピレネーを越えて北上してきたイスラーム教徒の軍勢を破った。

当時のフランク王国では歩兵に代わって重装騎兵が軍隊の主役となりつつあった。重装騎兵を維持するためには所領が必要である。ピピン・アルヌルフ家は自らの所領収入により、あるいは所領の一部を貸与することで騎兵団を抱えた。それと同時に所領・特権の分与や追認を通じて各地の有力者を自らの家臣とし、重装騎兵団を率いての軍事奉仕を義務づけた。カール・マルテルは騎兵団のために教会所領の国庫への回収まで行ったが、度重なる軍事的成功と所領獲得がさらなる騎兵団拡大を可能にしたことも確かである。こうし

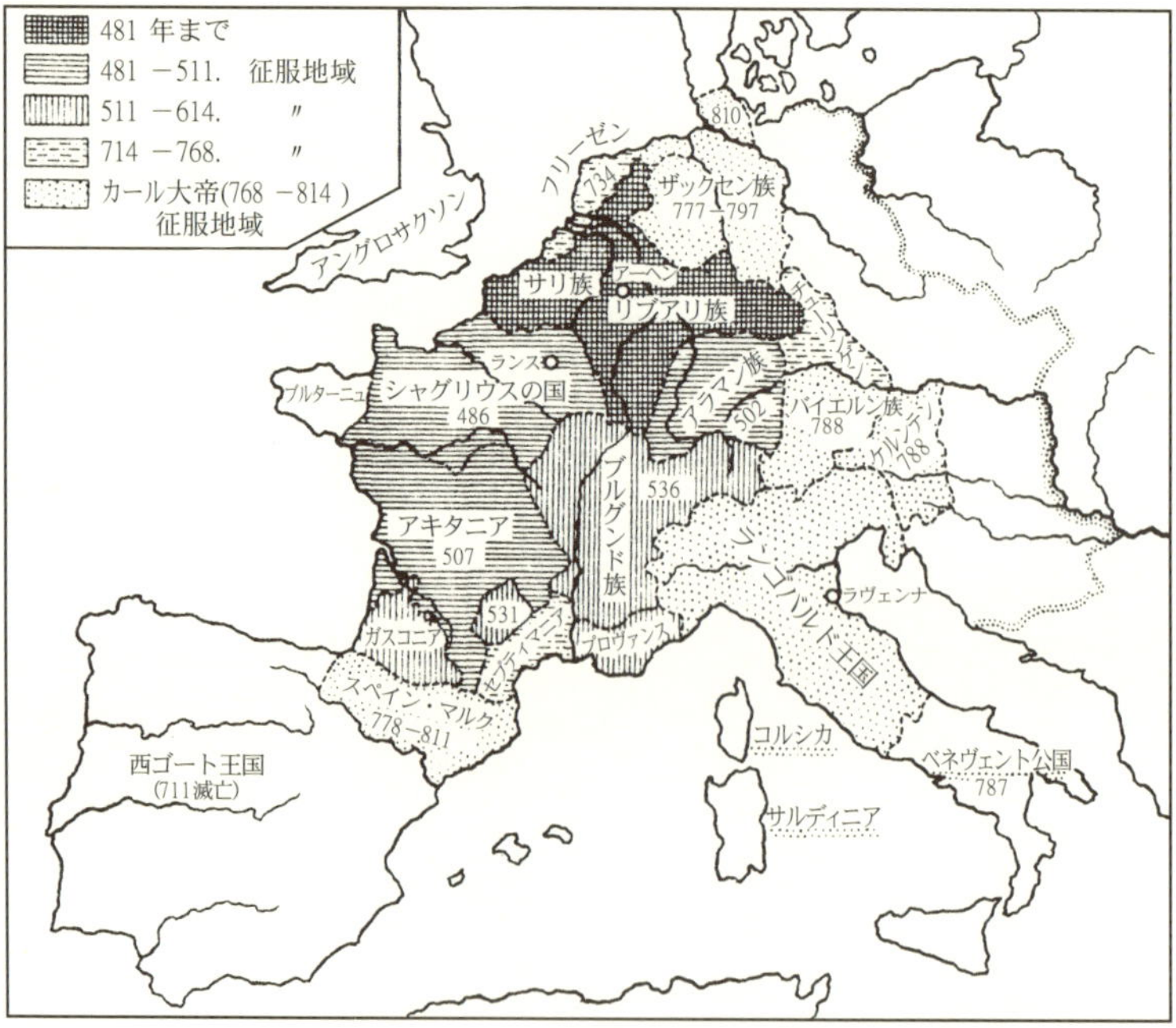


増田四郎『西洋中世世界の成立』岩波書店，1950年より

資料４－１　フランク王国の拡大

て契約による主従関係の設定、主君からの恩貸地（ベネフィキウム）ないし封土（フェオドゥム）授与、家臣の助言と助力（軍事奉仕）を主な構成要素とする軍事的・政治的な封建制度が形成され、王国全体の有力者がこれに組み込まれていく。

### ●カロリング朝フランク王国

カール・マルテルの息子ピピン「短身」は七五一年に有力者を招集し、教皇ザカリアスの書簡に示された見解をよりどころとしてメロヴィング朝を退け、自らを王に推戴させた。メロヴィング朝の君主は神々の子孫として超自然の権威を帯びていると信じられていたので、これを廃するには新しい宗教権威を必要としたのである。この即位式では塗油の儀式が新たに行われた。これはアタナシウス派改宗後の西ゴート王国で古代イスラエルの国王即位儀礼を範として行われていたものの借用であり、キリスト教の神が王に相応しい人物を選び、権威と力を与えることを表現する。ただしこの段階ではこれは個人よりも新王朝の正統化の儀礼だった。ピピンは即位後、教皇を援助すべくイタリアのロンバルド王国を討ち、ラヴェンナを獲得して教皇に寄進した。こうして彼はビザンツ皇帝に代わる教皇の保護者となった。

ピピンの子カール（大帝）はイタリアのランゴバルド王国やゲルマニアのザクセン族の領域を征服し、イベリア半島、ドナウ川流域のアヴァール族の領域にも遠征を行って、エブロ川からエルベ川まで、またユトランド半島の付け根からローマの南に至る広大な領域を統一した。王国は伯管区に分割され、王の名代としての伯が各地に派遣されて裁判や軍事を担当した。また各地の有力者を封建制度に組み入れ、王の家臣とした。さらに教会の組織を整備し、司教や修道院長を王国支配に活用した。伯や高位聖職者たちの大多数は帝国貴族層と呼ばれるいくつかの血縁グループに属し、王を中心とする征服共同体を形作っていた。征服による所領と利権の分配が彼らを王に結びつけていたのである。

他方で彼は文化振興にも力を注ぎ、宮廷や司教座、修道院では古典学芸の研究と教育が盛んになった（いわゆるカロリング・ルネサンス）。とりわけ学識ある聖職者の養成が重視された。

ローマ教皇レオ三世はローマで政敵に圧迫を受けていたので、カールへの依存を強め、八〇〇年にローマ

息子や娘のしつけには大変気を配り、家にいるときはきっと子供と一緒に食事をし、旅に出るときも、必ず彼らといっしょであった。……娘らはたいそう美しかったので、そして王がたいそう彼らを愛したため、これは不思議な話だけど、娘らを誰一人として、自国民にせよ他国民にせよ、どこにも嫁にやろうとしなかった。娘らをみんな、自分が死ぬまで、自分の家にとどめ、「予は娘らとの共同生活を失うことはとてもできない」と言って、一緒に暮らした。このため、その他の点では幸福な人だったのに、運命の女神の意地悪さを味わったのである。……彼の体はよく肥え、強健であった。背も高かったが、均斉を破るほどではなかった。というのも、彼の身長は、彼の足の七倍あったことは確かであるから。彼の頭頂は丸く、両眼は人並みはずれて大きく、生き生きとし、鼻は普通よりもやや大きめであった。白髪は美しく、顔は微笑をたたえ機嫌よく見えた。そういうわけで、坐っているときも立っているときも、彼の容姿には一段と権威と尊厳が加わった。……彼は語彙の豊富な流暢な演説家であった。自分が欲したものは何でも、たいそう明快に表現できた。母国語だけに満足せず、外国語の勉強に精出した。そのうち、ラテン語は、いつも母国語と同じ様にしゃべれるほどに、修得した。ギリシャ語は、話せたと言うより、理解できたという方が正しい。能弁家だったので、機知に富んだ人のように見えた。……書くことにも努めた。暇のときには、文字をかたどるため手をならそうとして、書板や羊皮紙を寝床に持ち込み、枕下にひろげるのが常であった。けれども晩年になって始めたため、この時期遅れの努力は、ほとんど成功しなかった。

（国原吉之助訳『世界文学大系　中世文学集』筑摩書房、1966年、所収）

**資料4－2　アインハルト『カール大帝伝』の一節**

でカールにローマ皇帝の冠を授けた。西方ではローマ帝権がこれによって復興したと捉える。自らを唯一のローマ帝国と見なすビザンツ帝国はこの授冠に強く反発したが、交渉の結果、自らの帝国とは別に西方に一つの帝国が存在することを認めた。いずれにせよカールの戴冠は、宗教的、政治的、文化的まとまりとしての西ヨーロッパの誕生を象徴する事件であった。

## 二　西欧諸国の誕生

### ●フランク王国の分裂

フランク王国ではカール大帝の死後まもなく相続争いが生じ、八四三年のヴェルダン条約、八七〇年のメルセン条約を経て、西フランク（フランス）、東フランク（ドイツ）、イタリアの三国に分かれた。さらに西部アルプス地方からプロヴァンスにかけてブルグント王国が生まれた。征服が停止すると、有力者は割拠傾向を強め、王権から距離を置くようになった。このころ周辺諸民族（ノルマン人、マジャール人、イスラーム教徒）の侵入が激しくなり、各国王権がこれに対して有効な防御策をとれなかったことも、有力者の自立傾向を促進した。彼らの中で伯管区を複数含むような領域に世襲的支配圏を形成したものを領邦諸侯と呼んでいる。これらの王国は国内に多数の民族を抱えており、諸侯の自立性はそうした民族集団のまとまりにも支えられていた。

### ●後継諸国の状況

一〇世紀に入るとドイツ王国ではザクセン大公ハインリヒ一世が王位に就き、外民族侵入を撃退するとともに領邦諸侯を抑えて王権の威信を高めた。その子オットー一世（大帝）も教会組織を活用して王権を強化した。ここでは貴族の地域支配権の成長が緩やかであり、しばらくは王権の相対的な優位が続く。オットーはイタリア王位を兼有し、ブルグント王を従属させて九六二年に教皇ヨハネス一二世から皇帝の冠を授けられた。ドイツ王のイタリア王位兼有（一一世紀からはブルグント王位も兼有）と皇帝称号は彼以後長く続く伝統となった（後の神聖ローマ帝国）。そしてこのドイツ王＝皇帝が一二世紀まで西欧の政治的

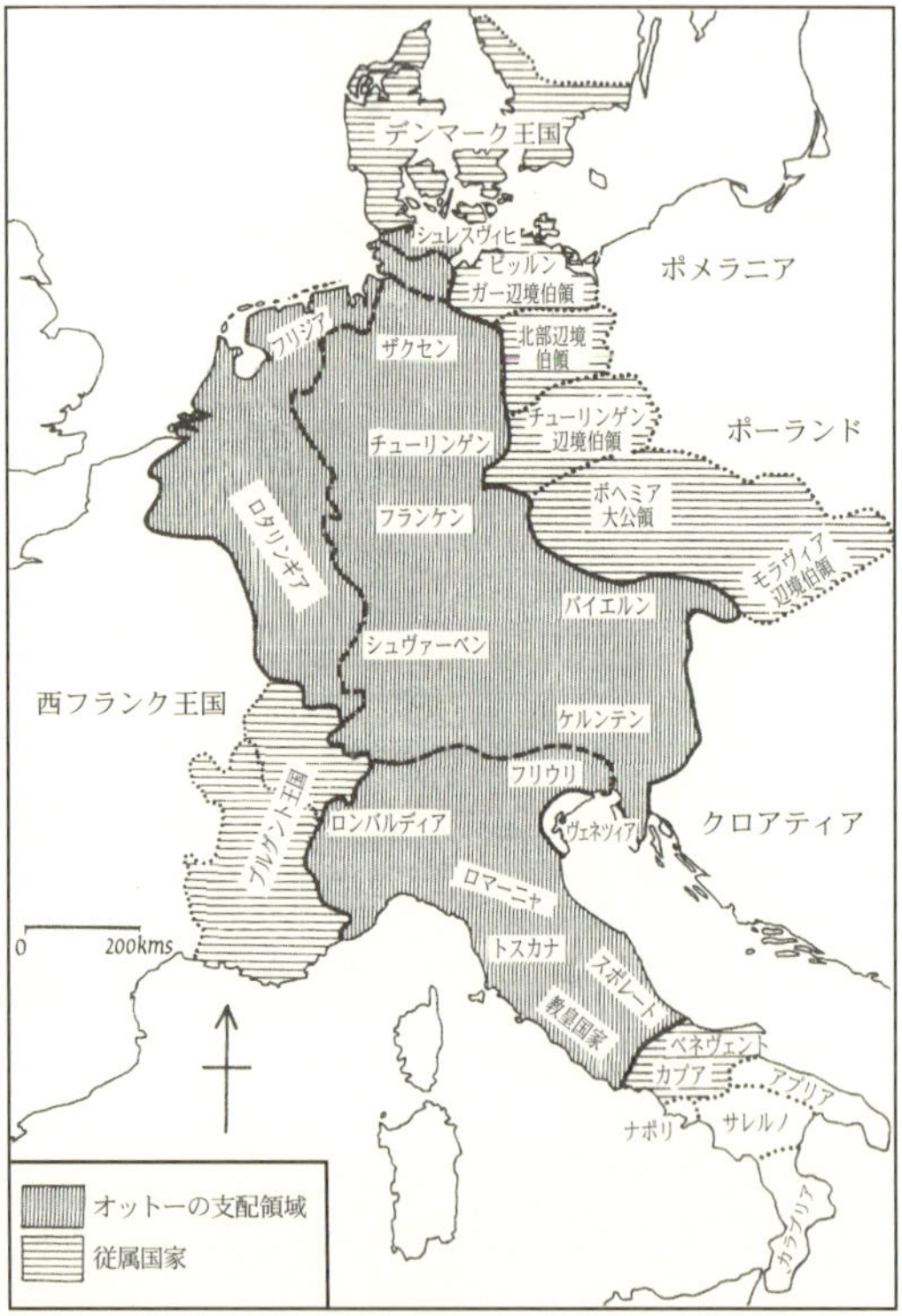


**資料４－３　オットー大帝時代の「帝国」**

出典　Geoffrey Barraclough, *The Crucible of Europe*より

主導権を握ることになる。

イタリア王国に属する北部・中部イタリアでは都市を中心とする司教支配圏や小領邦が割拠し、ドイツ王の影響力は弱かった。南イタリアはフランク王国の外部だった地域で、ランゴバルド系の公国とビザンツ領が境を接していた。

フランスでは一〇世紀の初めからロベール家の勢力が増大し、九八七年のユーグ・カペーの即位後はカペー朝として王位を世襲した。しかし一〇、一一世紀は領邦諸侯の自立性が非常に強く、王権の影響力はきわめて限定されていた。また一一世紀からは城を拠点としてコンパクトな支配圏を形成する城主層が成長し、権力の細分化はさらに進行した。

### ●ブリテン島とイベリア半島

ブリテン島のアングロ・サクソン七王国では九世紀前半にはウェセックス王エグバートのように覇権をめざす君主が現れていた。世紀後半には東方からノルマン人の一派であるデーン人の侵入が激しくなるが、世紀末のウェセックス王アルフレッド（大王）とその後継者たちは反撃に転じ、一〇世紀前半には定住したノルマン人を組み込む形でイングランド統一王国を成立させた。中央と地方の統治機構はフランク王国をモデルとして整備された。

しかし一〇世紀末からデーン人侵入の第二派が始まり、一一世紀初めには王国はデンマーク王カヌートの支配下に入った。この後ウェセックス王統が復活するが、大貴族の勢力が強まって王権はしだいに不安定となる。ウェセックス王統が絶えた後ゴドウィン家のハロルドが王を称するが、一〇六六年にはフランスからノルマンディ公ウィリアムが王位継承権を主張して侵入、ハロルドを敗死させてノルマン朝を開いた。なおイングランドの北では九世紀ごろスコットランド王国が成立し、西のウェールズでも一〇世紀ごろからケルト勢力の統合の動きが見られる。

イベリア半島では八世紀の初めにイスラーム軍が南から侵入して西ゴート王国を滅ぼした。その後まもなくイスラーム教徒は西アジアから亡命したウマイア朝の公子をカリフとして戴くようになる。この国はコルドバを都として一〇世紀まで繁栄を続けた。八世紀以来、半島北部の山地にはいくつかのキリスト教徒の小国家が生まれていた。またピレネーからエブロ川まではカール大帝の遠征によってフランク国家の支配下に入り、領邦が形成された。

## 三　外民族侵入からカトリック圏の拡大へ

### ●ノルマン人の侵入

九、一〇世紀はノルマン人、マジャール人、イスラーム教徒などが、西欧にしばしば侵入した。ノルマン人は北欧に居住するゲルマン人の一派で、九世紀にはまだ古来の神々を奉じていた。彼らはデンマーク、ノルウェー、スウェーデンなどの王国を形成するとともに、有力者をリーダーとする集団を組み、特有の船と優れた航海術を用いて各地に進出し、商業とともに貴金属と人間の略奪、征服、植民を行った（ヴァイキング活動）。西方ではブリテン島や東西フランク王国に侵入した。ブリテン島の東海岸には濃密な入植が行われた。また一〇世紀初めにはセーヌ川河口地域を占拠していたグループに対しフランス王が定住を認め、これがノルマンディ公領の起源となった。またアイスランド、グリーンランド、北アメリカにも植民している。東方ではスウェーデン起源のノルマン人の一派ルス族がドニエプル川流域に進出し、九世紀にスラヴ人を支配下に収めてノヴゴロド公国を建てた。この公国の支配家系はやがて南に進出し、キエフ＝ルーシ国家を形成する。一一世紀初めにはデンマーク王カヌートがイングランドを征服し、ノルウェーを含む北欧帝国を築いたが、このころから北欧諸国の集権化とカトリック信仰の受容によって、それまでのような略奪活動は影をひそめた。

## ●マジャール人とイスラーム教徒の攻撃

マジャール人は南ロシアのステップ地帯に現れた遊牧民で、九世紀末にペチェネーグ人に南ロシアを追われてドナウ中流域のパンノニア平原に本拠を移した。マジャール人はここからイタリアとドイツの都市や修道院に対する略奪攻撃を繰り返したが、九五五年にオットー一世にレッヒフェルトの戦いで敗れた後、その攻勢はしだいに弱まった。

イスラーム教徒は地中海南岸のイスラーム教国や一〇世紀初めに征服を完了したシチリアを拠点にして、しばしば地中海北岸の港を襲撃した。またプロヴァンスの海岸に要塞を築いたこともあった。

## ●カトリック圏の北欧、中欧への拡大

外民族侵入が沈静化する一〇世紀後半から一一世紀にかけては、まず北欧、中欧諸民族のカトリック改宗によってカトリック圏が拡大していく。このカトリック受容はもちろん熱心な布教活動の成果であるが、諸民族の政治的統一と強力な王権の形成にも結びついていた。王たちは唯一の神を奉ずる教会組織と結びつくことで、他の貴族たちを圧倒する権威を身につけることができたからである。

まず北欧に対しては一〇世紀半ばからハンブルク・ブレーメン大司教座とイングランドを拠点とした布教が行われた。一〇世紀中は布教は一進一退を続けたが、紀元一〇〇〇年を過ぎると、王たちはほとんどカトリック・キリスト教を受容した。

中欧のマジャール人はギリシア正教とローマ・カトリックの双方から布教を受けたが、結局紀元一〇〇一年に大首長が教皇から王冠を受けてカトリック圏に加わり、ハンガリー王を名乗

るようになった（イシュトヴァーン一世）。ハンガリー平原よりも南ではクロアティア人がカトリックを受容したが、それ以外のバルカン半島のスラヴ人はギリシア正教圏に加わった。

中欧の西スラヴ人のうちボヘミアに居住するチェコ人も正教、カトリック双方から布教を受けたが、有力首長プシェミスル家がドイツ王の宗主権とカトリック信仰を受け入れ、九六七年にはプラハに司教座が置かれた。また北のオーデル川からヴィスワ川に至る地域のポーランド人は一〇世紀の後半にピアスト家のミエシコ一世によって統一されたが、彼も洗礼を受けて、ポズナニに司教座を設けた。彼は王国をローマ教皇に寄進し、その従属下に入ることでドイツ王への従属を避けた。そしてその息子ボレスワフ一世の時代にはグニエズノに大司教座が置かれ、ポーランド教会のローマへの直属が確定した。

### ●地中海での拡大

地中海沿岸では一一世紀から、武力によるカトリック圏拡大も始まった。イベリア半島ではキリスト教徒勢力が、コルドバ・カリフ国の分裂や西欧からの人的支援を背景にイスラーム勢力に対抗して南進の動きを見せるようになる。いわゆるレコンキスタの始まりである。また南イタリアには世紀前半にフランスのノルマンディから騎士たちが移住し、傭兵として活動しながらしだいに支配圏を広げていった。やがて南イタリア全体の支配者となったロベール・ギスカールは世紀後半にシチリアの征服に着手し、一二世紀初めには甥のルッジェーロ二世がノルマン・シチリア王国（後の両シチリア王国）を建設することになる。

# 5 西欧中世の社会（一）領主と農民

## 一　西欧中世の農業と村

### ●中近世の人口動態

この章からは西欧中世社会の基本的な枠組みを三回に分けて説明する。まず西欧の前近代社会は、他の多くの前近代社会と同様に農業が優越する農村社会であった。農業生産力の変動と人口のそれは並行していたと見られる。さまざまな根拠から、西欧では七、八世紀ごろから徐々に人口が増加し始め、一一、一二世紀からこの動きが加速したと見られる。紀元一〇〇〇年と一三〇〇年の間に人口はおおよそ三倍となった。しかし一四世紀半ばの黒死病大流行による減少の後には人口は停滞する。一五世紀末から再び増大局面が始まるが、一七世紀にはまた停滞し、現代まで持続する人口増のプロセスが始まるには一八世紀をまたねばならない。こうして一応中世前期（紀元一〇〇〇年ごろまで）の緩やかな農業発展、中世盛期（紀元一三〇〇年ごろまで）の急速な農業発展、中世末期の生産停滞を想定することができる。

### ●西北ヨーロッパ農業の形成

もともと地中海沿岸で発展したローマ型の農業は、隔年に半分の耕地を使用する二圃制の小麦栽培（小麦は連作が困難であるため）、葡萄、オリーブの果樹栽培、専業の羊飼いによる羊の飼養などによって特徴づけられる。これに対して民族大移動以前のゲルマン社会ではきわめて粗放な移動耕作による麦類の栽培、農民自身による牛馬飼養が行われていた。大移動後、アルプス以北で二つの農業は徐々に融合し、西北ヨーロッパ型の農業が形成された。定着耕作による小麦、ライ麦、大麦、燕麦などの穀物栽培と牛馬の飼養を組み合わせる混合農業を主体とし、付加的に果樹栽培を行うものである。

この過程で三圃制導入という重要な発明が行われた。それは耕地を三分し、それぞれを秋蒔き麦（小麦・ライ麦）、春蒔き麦（大麦、燕麦）、休耕地（牧草地）としてローテーションを行うもので、地味の確保に加えて天候変動によるリスクの分散、季節労働量の平均化など優れた点が多い。

## ●中世盛期の開墾と技術革新

次に中世盛期（一一～一三世紀）の農業発展について説明する。この時期はすでに説明したように、持続的な人口増大の時期であった。開墾は中世前期から少しずつ行われていたと思われるが、一二世紀からは新村建設など大規模化し、史料に多くの痕跡を残すようになった。エルベ川以東へのドイツ系農民の植民や、ネーデルラント地方での海岸干拓が本格的に始まるのも、一二世紀からである。

他方でこの時期はいくつかの重要な技術革新が行われた。代表的なものとしては水車の普及、重量有輪犂の普及、三圃制の拡大などが挙げられる。重量有輪犂は牛、馬に引かせる車輪つきの犂で、土に切り込む鉄の刃と土を反転させる撥土板を特徴とする。なおこのような犂を効果的に利用するためには、畑は著しく細長い地片を寄せ集めたような形のもの、いわゆる長地条耕地が理想的となる。

次に三圃制に関して言えば、この時期には土地をいっそう有効に利用するため村ぐるみの三圃制が広く行われるようになる。村中が歩調を合わせて三圃制を行うと、まとまった一続きの土地が休閑地となり、家畜の放牧などに有効利用できるのである。西北ヨーロッパの平野部ではこうして、長地条耕地と村ぐるみの三圃制を組み合わせた土地利用が優勢を占めるようになった。

農民の経営規模は多様で、末端では二、三ヘクタールの耕地しか持たない小農が多数存在した。西北ヨーロッパの穀物栽培においては、こうした面積での穀物栽培だけで自活することは困難である。彼らは後に述べる領主直営地や富農の経営地での雇用労働によってようやく生計を維持することができた。他方で数十ヘクタールの農地を持つ富農もいた。彼らや一部の領主のように、広大な一続きの土地と多数の家畜を保有し、経営に熱心な人びとが、先に述べたような技術革新の成果を最大限に生かしたのである。

## 二　領主制と村

### ●中世の領主制

領主制は、前近代社会においてさまざまな地方的権力者が、農林水産業や鉱工業、商業などに従事する小規模生産者から労役や財貨を継続的に徴集するしくみである。西欧では歴史とともに古く、一八世紀末ないし一九世紀初めまで存続するが、もちろん時期によってその姿は大

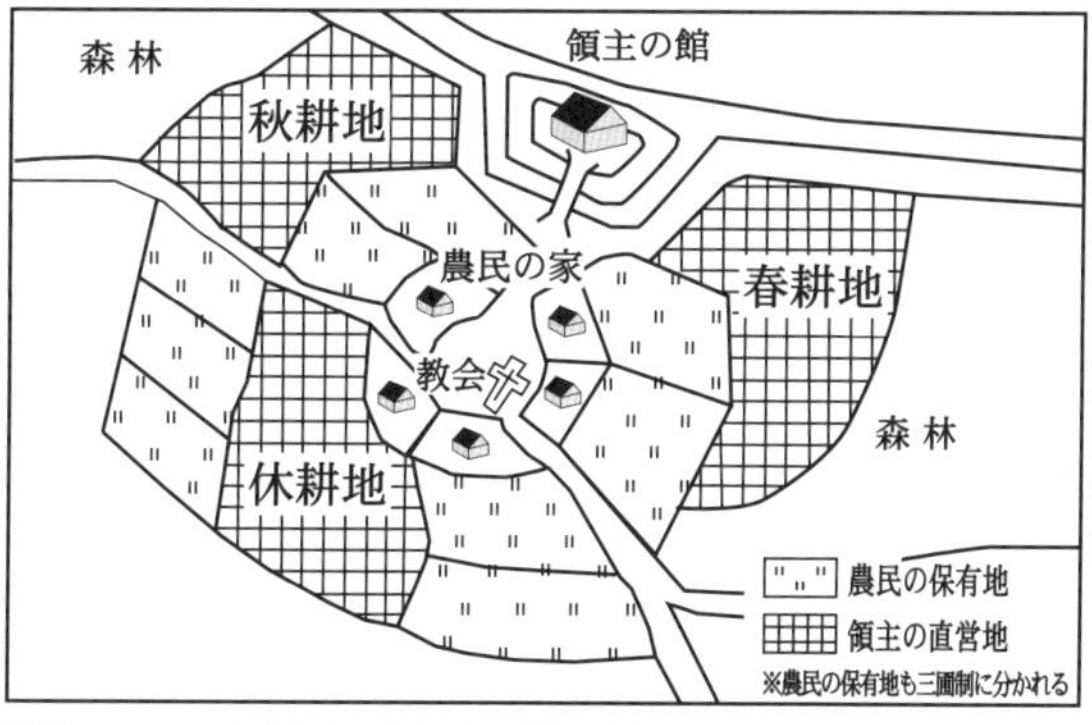


資料5−1　三圃制下の村の概念図

きく変わる。ここでは中世の領主制を土地領主制、政治的領主制、体僕領主制の三つに分けて説明する。しかしこれらは個々の領主の下で結合した形で存在していた。

土地領主制というのは領主が所領の一部を直接経営し、残りを農民に農民保有地として貸与し、地代を取立て、あるいは賦役と呼ばれる無償労働を課す制度で、九世紀ごろフランク王国の中心部の修道院所領が詳しい史料を残している。しかしこの時代に他の所領がどのように経営されていたか、領主制の下に入らない自営農民がどれぐらいいたかというような問題は史料の不足もあってよくわかっていない。

少し時間を飛んで、一二世紀ごろ西ヨーロッパの農民の大部分は土地領主の支配下にあった。保有農民の負担について言えば、まず賦役には大きな地方差があった。しかしどの地域でも雇用労働への依存がしだいに大きくなる。賦役が減少するに連れ、保有農の負担は生産物や貨幣による地代が中心となっていく。なお土地領主は農民保有地の権利移動の際には一定額の税を徴収し、また保有地や領主への義務に関する紛争や軽度の犯罪を裁く権限を持っていた。

次に政治的領主制は、一定領域の住民の重罪事件に対する裁判権や課税、軍事の権限を内容とする政治的支配権である。大陸の大部分では一〇世紀末から一二世紀にかけて、有力な土地領主が城を築き、その周りに政治的領主としての一円的な支配圏を形成していった。この領主はその支配圏の一般住民について、自分の保有農であるなしに拘わりなく軍事的庇護者となり、またその地域の治安の維持者となるが、その代償として裁判による罰金収入を取得し、住民に労役を提供させ、課税を行うのである。一三世紀以降には国王や諸侯などの広域権力が新たな力を獲得していくが、それに伴って以前の政治的領主権は細分化し、一部は私的利権として土地領主権と混合していく。

法的には領主支配下の民衆（領民）の中に複数の身分が存在していた。体僕（農奴）の集団は、他の自由身分の領民とは異なった特殊な形で領主に隷属しており、こうした支配を体僕領主制と呼んでいる。西ヨーロッパに一般化した法的原則から言えば、彼らは領主の許可なく移動してはならず、また女性が集団外の男性と結婚する時も、子供が親の財産を相続する時も、特別な貢納によって領主の許可を買い取ることが必要だった。さらに領主の意志に任せて徴集される税を負担しなければならないという慣行もしばしば見られた。

しかしこの集団と他の自由な領民を区別することは、かなり難しい問題である。この時代の領主領民関係には地域差が大きく、また西ヨーロッパの農民の大多数が土地領主制、政治的領主制によって領主に従属することで、「自由」な地位が相対的なものになっていたからである。その結果、体僕身分に特徴的とされる負担の一部を自由身分を明確に認められた集団が担っている事例も現れる。厳密な意味での体僕の比率は地域によって多様であるが、西ヨーロッパ全体では三分の一以下であろうと推定される。一二、一三世紀には明示的な体僕の解放が相次ぎ、古い体僕身分は消滅過程に入っていく。

### ●集落形態と農村共同体

中世前期の西北ヨーロッパでは散居集落（個々の家屋敷が農地に取り囲まれている）、あるいは小村集落（少数の家屋敷が互いに接している）が一般的だった。ところが九〇〇年から一二〇〇年の間にはフランス北東部からドイツ中部にかけて、またイングランドの中心部でも塊状集落（二〇軒以上の家屋敷が不規則な形で結合しており、農地がその周囲を囲む）が支配的となった。これを集村化現象と呼んでいる。この原因としては、農牧業が粗放なものからより集約的なものに変わることで農家一戸当たりの必要面積が小さくなったこと、また生産性を高めるための協力や、共同利用、共同作業が増大したことが挙げられる。

他方で一一、一二世紀以降、農村の共同体活動が活発になってきた。これは集居地域、散居地域を問わない。その原因は、まず農村部で多数の小教区聖堂が設置され、村の聖堂と共同墓地を中心とするひとびとの結合が強まったことに求められる。また大陸では政治的領主制の発展もこれを促進した。領主の一円的支配に対応するために、領民もまた領域的に団結する必要があったからである。

農村共同体は聖堂の維持、土木事業、共有地の管理、祭礼などを行い、また領主と交渉した。領民の中の長老や有力者は一方で領主の支配に協力しつつ、他方で農民の立場を領主に認めさせる役割を担った。一二、一三世紀の大陸では、領主と領民の間で、領民の負担の種類や量を「慣習法」や「判告」(ワイズチューム)などと呼ばれる文書でとりきめる事例が増えてくる。その背後には領主と渡り合う農村共同体、それを指導する有力農民があった。イングランドでも農村共同体の力は大きく、領主を国王裁判所に訴えた事例も存在する。

## 三　農村の領主たち

### ●世俗の戦士たち

農村の領主たちとして、まず世俗の戦士たちが挙げられる。一一、一二世紀についていえば、彼らの階級の頂点には王や諸侯が位置し、城を保有するような有力領主の階層(城主層)がそれに次ぐ。大陸諸国のように王侯の権力が弱いところでは、城主層は高度の独立性を獲得することになった。彼らは城をとりまく地域全体を軍事的保護下に置き、政治的な領主権力を行使することになる。これに対してイングランドでは、裁判組織が全体として王権の管理下にあり、政治的領主権は発達しなかった。

しかし戦士階級の大多数を占めるのはこれよりも下の階層である。まず農村に小規模な土地所領を保有して自活しながら、近隣の有力領主の家臣となっている小領主たちがいる。そのさらに下には、自立を可能とするような規模の所領を持たず、王侯や有力領主の世帯に寄食している家中戦士たちがいる。これらの一般戦士たちと有力領主たちの間には強固な封建的主従関係が結ばれていた。

彼らは基本的に所領収入で生活していたが、あまり経営に熱心ではない。戦闘の専門家である彼らの生き甲斐は戦争であった。戦争で王侯に動員された場合はさまざまな手当や報奨が期待でき、敵を捕虜にしたときの身代金も大きな収入となる。何よりも戦功は語り継がれる名誉であった。こうした王侯同士の戦争への参加とは別に、彼らは近隣でもよく武力紛争を引き起こした。しかしほとんどの場合武力行使は対抗者の殲滅をめざすものではなく、自己の主張を表現する一種の儀礼だった。

戦士たちには根強い衒示的消費の体質があった。そのため一二世紀以降、中小の戦士階級は慢性的な過剰出費に悩むことになった。ここから彼らの王侯への経済的従属が進む。

教会は一〇世紀以来、「キリストの戦士」の理念を掲げて、戦士たちに教会に対する従順さを育成しようと努めた。また王侯の宮廷では一二世紀以降女性崇拝文化が出現し、貴婦人に献身的な愛を捧げることが高貴なこととして賞賛されるようになった。いわゆる宮廷風恋愛である。同時にまた宮廷的な礼儀作法が重視されるようになった。これらの徳目が体系化されたものが騎士道で、信仰、武勇・忠誠、女性への礼節から成る。これは上層から下層まで西ヨーロッパ戦士階級全体を捉えた文化理想で、ヨーロッパの基層文化のひとつとなっていく。また戦士階級の若者が騎士叙任という儀式を経て騎士になることが一般化した。

### ●領主としての教会組織

戦士と並んで教会も領主階級の構成要素であり、司教と修道院が特に重要である。司教は地方教会組織の要であって、土地所領に加えてしばしば広範な政治的領主権を持ち、多数の戦士たちの主君でもあった。つまり世俗社会の諸侯に匹敵する存在である。修道院は西欧農村のいたるところに所領を持っていた。というのも戦士階級の家門からことあるごとに所領の断片が寄進されたからである。他方で戦士たちと修道院の間には常に土地争い、また権限や取り分をめぐる争いが絶えなかった。修道院は基本的に武力を持たないので、話し合いや裁判で対抗しようとする。それでもうまく行かない時は修道院の守護聖人からの罰を予言して紛争相手を威嚇した。しかし多くの紛争は結局歩み寄りと妥協によって解決された。大きく見れば、戦士階級と修道院の基本的な提携の上に中世の農民支配がなりたっていたということもできる。

## 四　中世末期の農村世界

### ●人口危機と農業・農村の変化

一四世紀に入るころ、西欧では人口が生産力の天井に突き当たっていた。このような状況の持続がもたらすのは下層での低栄養化と疫病の増大であった。最終的には黒死病の流行がこの状況にピリオドを打つ。一三四八年の大流行は人口の三分の一を奪った。これをきっかけに黒死病は西ヨーロッパにいわば常駐し、一八世紀初めまで地方的な流行が間欠的に繰り返されるようになる。一四、一五世紀はその他の疫病や戦乱の影響もあって、人口は低迷を続けた。

この人口減少は穀物価格の下落による農業不況をもたらしたが、これに対応して農業生産の多様化が進む。つまりさまざまな商品生産への特化と商品流通が進むことになる。このような傾向はもともと均一ではなかった農民層の分解をさらに押し進めることになった。村のリーダーシップはこれまで以上に富農たちの手に握られる。

## ●領主制の危機と再建

この時期に領主層の収入は大きな打撃を受けた。まず直営地経営が穀物価格の下落と労賃の上昇によって困難となった。ここから直営地の相当部分が小作地として貸し出されるようになる。また農民保有地も人口減から借り手市場となり、保有条件は農民に有利となる。最も大きな打撃を受けたのは世俗中小領主である。彼らは経営の感覚に乏しく、また衒示的消費体質から脱却できなかったからである。この時期には大量の中小領主層が没落して姿を消していく。

なんとか生き延びることができたのは、宮廷や軍隊における君主への奉仕によって収入を得た者たちだった。君主は農民からさまざまの負担や税を新たに徴収し、その収益を年金や俸給という形で一部の中小領主に分配したのである。他方で上層都市民や富農に起源を持つ新しい領主層が農村に現れた。彼らは以前の領主層にくらべて遙かに所領経営に熱心だった。結局領主階級はそのメンバーを相当に入れ替え、所領経営の形態を大きく変えながら近世に生き延びていくことになる。

一四、一五世紀には農民に対する領主の力は相対的に弱まった。しかしこれに変わって国家の圧力が増大してくる。具体的には、この時期に戦費などの必要に応じて不規則に重い税金が農民に課せられるようになった。農民の不満はさまざまな機会に一挙に増大し、大規模な反乱を生み出した。フランスのジャックリーの反乱やイギリスのワット・タイラーの反乱、一六世紀のドイツ農民戦争はよく知られている。これらの大規模反乱は、もはや各地の領主たちには農民を抑えて秩序を維持する能力がないことを示していた。これらを鎮圧したのは国王やそれに代わるリーダーの下での広域的な領主連合だった。

一五世紀末から人口の回復や穀物需要の増大によって地代が上昇するようになり、小作、保有条件は再び厳しくなる。この動向に乗る形で各地で領主制が再建されていく。

近世について展望すれば、イングランドでは領主たちが強力で、土地集積によって直営地を増加させた。場所によっては所領囲い込みにより、古い保有地を全廃した。こうして拡大された直営地は大きなユニットとして貸し出され、資本賃労働関係で経営されたので、領主制は早期に消滅していった。フランスやドイツ西部では中小農民の保有権を国家が保護し、領主反動に歯止めをかけたが、それは重い税金を農民に負担させるためであった。またドイツ東部から中欧にかけては、領主権が強力となり、保有農に直営地での重い賦役を課すなど領主制を活用した大農場が形成されていく。こうして大陸では領主制と国家支配との二重構造がまだしばらく続くことになる。

# 6 西欧中世の社会（二）都市と商工業

## 一　西ヨーロッパ中世都市研究の過去と現在

### ●西ヨーロッパ中世都市についての古典的見解

はじめに、西ヨーロッパ中世都市研究の過去を簡単に振り返ってみたい。一九世紀後半から二〇世紀の初めにかけて、中世の都市文明に対する古典的な定説が形成された。この見解はおおよそ三つの命題にまとめられる。第一に古代都市は古代末あるいは中世初めに決定的に衰退し、中世前期は基本的に自給自足の農村社会であった、第二に中世都市形成の原動力となったのは一一世紀以降の遠隔地商業の発展（遠隔地商業というのは近代世界で言う貿易にあたる）であり、主要な都市は遠隔地商人層の主導の下に発展した、第三に中世都市は法的な自治制度を備えた自立的共同体として成長し、周辺の領主制社会と際だった対照をなすに至った、以上である。

すべての歴史解釈がそうであるように、ここには歴史家たちの生きていた時代の世界観が反映している。進歩史観、社会進歩におけるブルジョワジーの役割の重視、政治的自由主義などである。また古典古代との断絶の強調や都市の政治的自立性の重視は、この問題について全体としてドイツ史学の影響が強かったこととも関連していると思われる。ドイツは古典古代都市が存在しない地域であり、また一九世紀になっても中世以来の帝国都市の伝統が尊重されていた。

**●現在の研究動向**

しかし二〇世紀の後半にはこうした定説に対し、大きな発想の転換が生じた。まず都市現象と遠隔地商業とを不可分のものとする見方が批判されるようになった。その時重要な役割を果たしたのが、都市を地域中心地とする、地理学の視角である。都市はその中心地としてのさまざまな機能（政治的、経済的、宗教的）により、周辺農村の生産余剰が集められる場所であり、必ずしも発達した遠隔地商業の存在を必要条件としないということになる。また政治的自立性と発達した自治組織は世界史的に見れば都市的集落の要件ではないし、西欧の中世においても都市に共通する特性とは言えないので、これにこだわるべきではないという考えが強くなる。

そしてこれらの発想転換に結びつく形で、中世前期の社会にも都市的集落があり、またある程度の規模の商品流通があったこと、中世前期、盛期の都市発展については、領主階級の果たした役割が大きいことも強調されるようになった。さらに中世後期に関していえば、かつてはブルジョワジーの政治的、法的地位という関心から特定の大都市に関わる政治史、制度史研究が盛んだったが、今日ではそれに代わり、都市民の日常生活と心性に関わる社会史的なテーマが研究者の関心を集めている。ここでは以上のような研究動向をふまえ、中世都市を、それが社会においてどのような機能を果たしていたかという点に注目しながら観察してみたい。

## 二　中世前期・盛期の都市発展

**●中世前期の都市的集落**

中世前期の都市的集落のありようについて、まずローマ帝国の都市文明が強固に定着した諸地方から概観する。中世初期のゲルマン民族侵入の時代の混乱にも拘わらず、ガリア、イベリア、イタリアではローマ時代のキヴィタス首府は一般に以前の位置にとどまっていた。これらの都市はまずもって宗教中心であった。司教座都市には司教座聖堂、洗礼堂、司教館のような宗教施設が立ち並んでいた。また都市郊外の墓地に葬られたキリスト教聖人の墓から、郊外修道院が発展した。ガリアでは七世紀ごろから、こうした郊外修道院を中核とする新規定住地（ラテン語でブルグス、フランス語でブール）が史料に言及されるようになる。

政治的機能についていえば、ローマ時代に比べて行政が簡素化され、一般的な徴税機構もしだいに消滅したので、この面での中心地機能は大幅に失われた。経済的機能についていえば、中世前期には司教座や近郊修道院が農村所領からの生産余剰を都市にもたらしたので、地域的な農産物市場としての機能は一般的に持続していた。遠隔地商業はローマ時代末期から全般的に衰退していたが、東地中海沿岸や北海沿岸では中世前期に新たな活力を見せ、これらの地方の都市の存続と発展を助けた。

ライン川以東、ドナウ川以北のゲルマニアは、中世初期には都市的集落が存在せず、それに依拠するキリスト教の教会ネットワークもない。しかし中世前期からゲルマン語でブルク（ラテン語でブルグス）と呼ばれる、防壁を備えた集住地が確認される。そこでは定期的に市場も開かれており、前都市的核と見做すことができる。キリスト教会も、八世紀ごろからこうしたブルクに司教座を設けていく。

イングランドはかつてローマ都市が存在したところであるが、中世初期には完全に荒廃していた。アングロ・サクソン人はゲルマニアのような囲壁集落（彼らの言葉でブルフ）を形成し、小王国の首府や司教座とした。北海商業の発展とともにこれらのブルフでは商取引も活発に行われるようになった。九世紀のノルマン人とアングロ・サクソン人の対峙においては、侵入者側も防衛側もブルフを築いて防衛拠点とした。一〇世紀のウェセックス王権による統一と平和の回復とともにこれらのブルフは再び市場集落として発展した。

## ●中世盛期の都市発展

次に一一～一三世紀には、農業発展に支えられて、都市が著しい成長を遂げた。都市を成長させる基礎的条件を挙げれば、なんらかの中心地機能による農業生産余剰の集積、防備施設による安全の確保ということになる。都市成長の第一の形は、司教座都市、あるいはそれに準ずるような集住地に隣接して新しい付属集落（ブルクあるいはブール）が形成されていくというものである。そのうちの多くは商工業者が居住し、旧集住地としだいに一体化して地域の商工業中心となる。第二の形は、農村大所領の中心、つまり修道院本館や城などの周辺に新しく付属集落が成長し、立地条件に恵まれた場合に商工業の拠点となるものである。これらの付属集落もブルクないしブールと呼ばれる。第三の形は王侯が計画的に都市を建設するもので、一二世紀からはライン川より東の地域で大々的に行われるようになる。

この時代でも大部分の都市の主要な機能は、地域の宗教的、経済的中心ということであった。遠隔地商業の主要ルートから外れた農業的な地域にあっても、都市は成長したのである。しかし地域によっては、このようにして成長した都市が、単なる地域中心ではなく、西ヨーロッパ規模の遠隔地商業、さらには大規模な手工業の拠点となる。

まず一一世紀から地中海と北海で、次いで一二世紀からはバルト海で沿岸商業が発展する。これらの活動によって大きく成長したのは北イタリアとフランドル、ついで北ドイツの諸都市

(一三世紀にハンザ同盟を形成)である。一二世紀以降、フランス東部に北イタリアとフランドル両地域を結ぶ陸上交通路が発達し、それに応じてフランス東部のシャンパーニュ地方で大市が定期的に開設されるようになった。大規模手工業としては、北イタリア、フランドルの毛織物工業が重要である。遠隔地商業と毛織物工業がともに盛んであった北イタリアとフランドルはヨーロッパの中できわだって都市化した地方となった。

## ●中世盛期の都市の自由と自治

ここではこの時代の都市の自由と自治といわれる問題について、アルプス以北の西北ヨーロッパと北イタリアを対比して考察する。まず西北ヨーロッパについて確認しておかなければならないのは、この時代の都市的集落はあくまで領主の所領の一部であるということである。

中世における「自由」とは、支配者を上に持たないことを意味するのではない。それは領民としての負担に明示的な法によって限度が定められていることを意味する。一一、一二世紀にできてきた多数の付属集落(ブルクないしブール)では、領主―住民関係が新たに文書で定められることが多くなる。一二世紀以降、農村部にもこうした「自由」を定める特許状が拡大したことを考えあわせると、その差は絶対的ではない。しかし、商工業が発達した集落の住民は、累積的にさまざまな特権を獲得し、農村とは相当に異なる生活条件を獲得していく。一般に地代は軽く、家屋敷を売り買いした時の移転税は免除された。政治的領主による軍事的な徴用は制限され、裁判における罰金額にも限度が定められた。

「自治」もまた基本的に領主支配と両立するものであった。コミュニティの統制管理への住民の代表の参画は、中世盛期に西ヨーロッパ都市全体で発展していった。このような自治への動きは農村部にも等しく認められるが、都市では明確な自治組織の必要性が農村部よりも強く感じられたと思われる。確かに大都市でも、住民代表としてはせいぜい大商人の組合や「参審人」集団を持っているに過ぎないところがある。しかしそういうところでも、実質的にはなんらかの合意形成システムが形成されていたであろう。他方で一二世紀からはコミューンやコンシュラに代表される明確な輪郭を備えた自治団体が、基本的には平和のうちに多数の都市に拡大していった。なお自治に関与する住民代表はしばしば領主役人を先祖とする都市の寡頭支配者であった。

次に北部、中部イタリアであるが、ここでは多数の都市が中世盛期に政治的独立性を達成する。九、一〇世紀において都市を支配していたのは司教であるが、住民は一一世紀末から一二世紀初めに自治団体コムーネを結成し、司教が持っていた市内の行政、司法の権限をほぼ完全に奪ってしまう。次にコムーネは、伯の支配下にあった周辺地域（コンタード）の征服に乗り出し、領域を備えた独立の都市国家に成長していく。こうして北部中部イタリアの都市は、アルプス以北の都市が持つ経済中心、宗教中心という性格に加えて、政治中心としてのそれを持つことになったのである。

最初にコムーネの主導権を握っていたのは司教封臣である戦士集団であるが、後には大商人たちが台頭する。彼らの軍事的、経済的実力、イタリア王を兼任するドイツ王の圧力が弱かったことなどが彼らによる権力奪取を可能ならしめた。都市国家の支配層には戦士的な文化が相当に浸透する。都市によっては有力商人も塔を立てた館風の住居に住み、党派を作って市内で争った。

## 三　中世末期の都市

### ●中世末期の都市社会

ここでは中世末期の都市についていくつかの問題点をスケッチしておく。一四、一五世紀は人口減から手工業労賃が上昇する傾向があり、大規模な問屋制工業経営では、資本家である大商人と従属手工業者との間に激しい対立が生じた。フランドルやイタリアではこうした対立がもとで大規模な反乱が起きている。しかし雇用労働力の小さい家内工業規模の経営は比較的安定していたといわれる。穀物価格が低かったので、都市民の生活には相対的にゆとりがあった。そして貨幣経済の発達により、地域における都市の経済中心性はいっそう強化された。

また農村はしばしば戦乱にみまわれたが、都市は一般に市内の平和を保つことができた。そのための重要な手段となったのが都市の城壁である。これは中世盛期から必要に応じて作られていたが、この時期は一段と大規模で堅固な城壁が建設された。この時代の大砲などの火器では都市の城壁を破壊することは困難だった。また傭兵主体の軍隊は、金銭支払いと引き換えに都市への攻撃を控えることも多かった。城壁には堅固な門が作られたが、こうした門には市民が当番で警備につき、外敵のみならず農村から浮浪民が流入してくることを防いでいた。

都市と広域権力との関係、および都市の政治的機能は国によって大きな差異がでてくる。フランスやイギリスでは都市は国王の支配の下でその統治の拠点となり、地域の政治中心としての機能が強まる。特にフランスでは官僚制や徴税システムが都市に雑多な収入をもたらし、これを経済的に支えることにもつながった。ドイツでは帝国がゆるやかな領邦国家になっていったので、帝国直属の都市（帝国都市）は事実上の政治的独立を達成していくことになる。ただしイタリアと異なり、帝国都市の統治権の及ぶ範囲はきわめて限定されており、政治的には孤立していた。他方で領邦に下属する都市は、フランスやイギリスの都市と同様、領域国家の統治拠点としての機能を帯びた。イタリアでは北部、中部の都市は領域国家の首都であり、政治的中心性はきわめて強いものだった。

**●都市当局の活動**

しかしこの時代の都市は政治的独立性のいかんに拘わらず、市長、都市参事会など複雑な自治組織を発達させ、また多様な業務について強力な権限を持つようになる。この都市当局を象徴するものとして、壮麗な市庁舎が建設された。都市当局はまず都市の環境整備を大々的に推進した。城壁の建設と補修には大きな力が注がれた。主要な街路は舗装され、上水道が引かれ、水くみ場が整備される。市場の衛生管理、住民の風俗の取り締まりなども当局の責任となった。教会の鐘に代わり、市役所の大時計が市中に時間を告げ知らせるようになった。

救貧および福祉はもともとは教会の業務だったが、中世末期には都市当局が主たる責任者として施設の創設や管理を行うようになる。それとともに施設の目的別の専門化が進行する。貧

資料6－1　リューベックのホルステン門

民収容施設から捨て子養育院や病院が分離していくのもこの時期である。肉体的条件から働けない人間には公的扶養が行われるが、労働能力があると見なされた人間は当局によって労働を強制されるようになる。救貧システムが整った都市では、農村部からの貧民の流入に神経をとがらせるようになった。城門の警備はその意味でも重要だった。

都市は教育事業にも進出する。西欧では一二世紀ごろからいくらかの司教座都市には哲学、神学、法学、医学などを教える学校が現れる。これらの学校は当初は主として教会人の養成の場だったが、一四世紀ごろからは俗人エリートの養成の場ともなる。またこのころから学校教育が都市民衆の世界にも浸透し、読み書きや算術を教える初等学校が各地に出現する。こうして住民の読み書き能力と文書の使用頻度の点で、都市は農村と一線を画するようになっていった。

この時代には都市の祝祭と文化事業も大きく発展した。王侯が都市に入る際には入市式と呼ばれる祭礼が行われ、飾り付けやパレードで都市の経済力と文化水準が提示された。また中世末期には多くの都市で宗教劇の上演が行われた。旧約、新約のストーリー、あるいはさまざまな聖人伝が演劇に仕立てられ、市民たちが多数出演して一日がかり、あるいは数日がかりの公演が行われた。こういう時には近隣から多数の観客が都市に集まる。これとならんで説教も都市の事業だった。高名な説教師は都市が多額の謝礼を用意して招いた。都市当局はこうした全市をあげての宗教的事業に大きな熱意を燃やしていた。この時代の都市はこうした活動により、宗教的中心地としての影響力も増大させている。

# 7 西欧中世の社会（三）カトリック教会と信徒

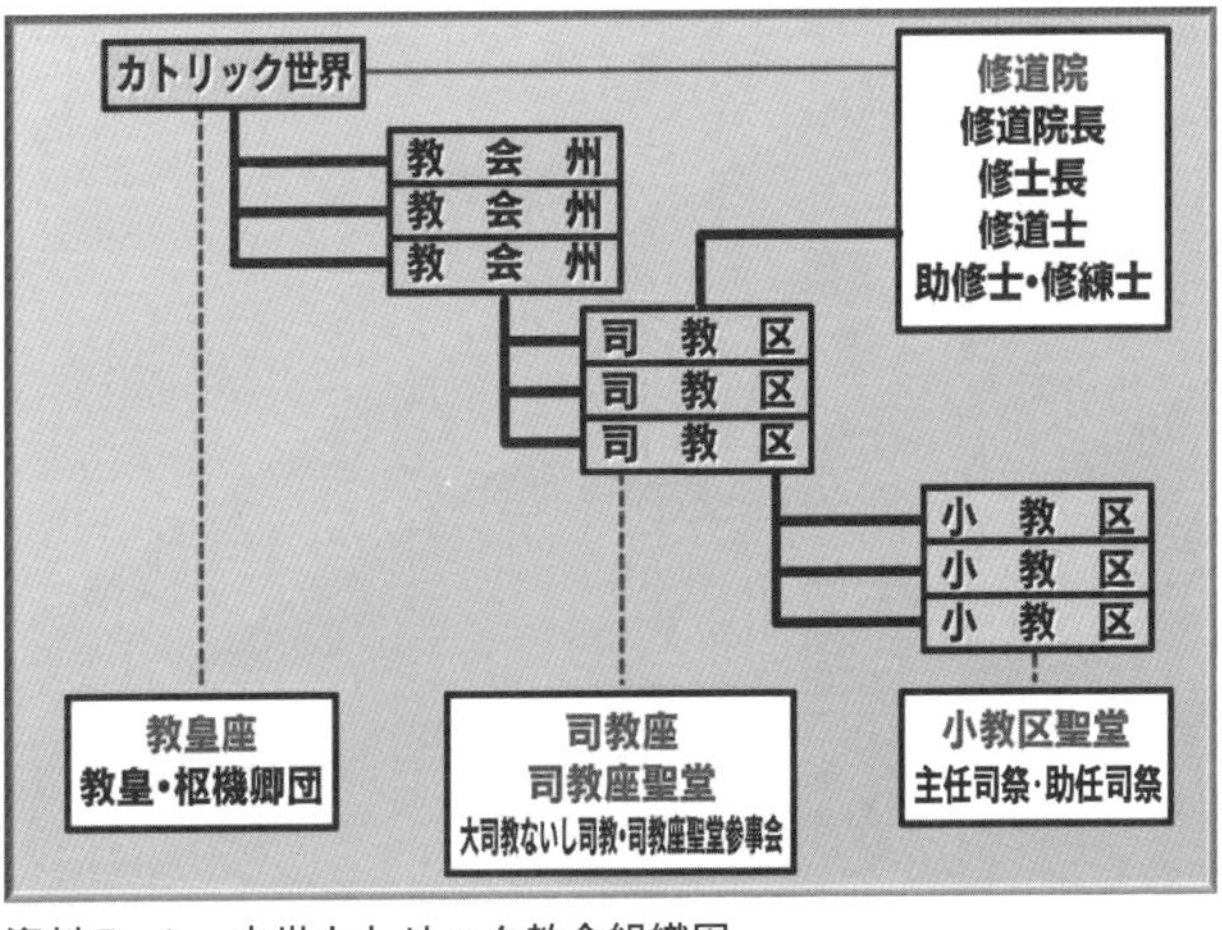


資料7－1　中世カトリック教会組織図

# 一　カトリック教会組織と信者統治

## ●信徒管理の各単位

カトリック教会は「教会の他に救いなし」という大原則を掲げていた。一般の人間が神と直接に交わり、救済を得ることは不可能で、教会組織が仲立ちをせねばならないというのである。したがって教会による信者管理が必要不可欠となる。カトリック信徒の管理単位は上位のものから言えば、教会州（プローヴィンキア）、司教区、小教区である。カロリング時代から小教区の細かい網の目がしだいに西欧世界を覆っていった。

小教区の中心には小教区聖堂がある。この聖堂を管理し住民の司牧に当たるのが小教区付きの主任司祭あるいは助任司祭であるが、彼らの業務は教区民の司牧、当時「魂の世話」と呼ばれたもので、具体的には秘蹟の付与と宗教的な教導である。秘蹟というのは、神から発するとされた救霊の力を儀式を通じて伝達することで、俗人信徒に与えられるものとしては、洗礼、堅信、告解、聖体拝領、終油、結婚がある。小教区の主任司祭、助任司祭の知的水準は多様だった。学識を備えた司祭もいたが、底辺にはほとんど文字が読めない者もいた。聖職者としての貞潔の戒律を守る程度にもばらつきがあり、相当数の司祭は女性と同棲していた。

洗礼はキリスト教徒になることを約束する儀式である。中世では新生児洗礼が一般的で、洗礼を受ける者の意志が確認できないので、理性が生じるとされた年齢に達した後、堅信礼を受けてキリスト教徒となることを再確認する。一般の信徒はこの世界に生きる限り必ず罪を犯すが、告解の儀礼を通じてそれを告白するならば一定の贖罪を果たすことで赦しを得ることができるとされていた。また聖体拝領は、ミサを通じてキリストの肉体に変化するとされるパンを食物として受けることで、その十字架の犠牲にあやかる儀礼である。終油は臨終が近づいた時、教会の聖油を身体に塗ってもらうことで救済を確信する儀式である。結婚は一二世紀から新たに秘蹟とされた。これによって教会は俗人の結婚生活に深く関与するようになり、また離婚禁止の原則を確立した。

司教区の中心となるのが司教座聖堂である。司教はイエスの使徒たちの司牧権を継承すると見なされた各地方教会の長で、自ら典礼と司牧を行うとともに、叙階の秘蹟を通じて、司牧の権限を小教区司祭など下属する聖職者に委任する。彼はまた原則として司教区の教会統治と信徒の教導についての全権（司教裁治権）を保持している。その地位にはまた広大な所領と世俗的諸権利が結びついていた。

司教は一一世紀までは、事実上王侯の指名によって選任されていた。一二世紀では後に述べる司教座聖堂参事会での選挙によるのが一般的であるが、一三世紀半ば以降では教皇による指名が一般化した。大部分は領主階級の出身者であり、概して知的水準は高く、独身制も一般的に守られている。なお司教座聖堂の業務は司教を補佐する聖職者の団体によって果たされており、この団体が司教座聖堂参事会である。

ひとつの教会州に属する諸司教座の中で、ひとつの司教座が大司教座として特に高い権威を認められていた。大司教は教会州の司教団のリーダーとしての役割を与えられている。

## ●修道院

次に修道院は、戒律を伴う共同生活の中で信仰の向上をめざす施設であり、いくつかの修道団体に組織されている。各修道院は司教の裁治権に服するのが原則であるが、一一世紀以降、教皇への直属を理由として司教の裁治権に服さない、いわゆる免属の修道団体が増大した。正規の修道士は領主階級出身者が多く、特に修道院長は家柄が重視された。なお女性のためには女子修道院があった。

八世紀から一一世紀まではベネディクト修道制の全盛期で、一〇、一一世紀はとりわけクリュニー派が大発展を遂げた。一二世紀になるとシトー会、プレモントレ会などやや異なった傾向を持った修道会が出現してくる。それらを含めて一一、一二世紀の修道士は、一言でいえば祈祷典礼の専門家たちである。彼らに期待されていた役割はなによりもまず祈りを通じて神の恩寵を地上の教会組織に導入、蓄積すること、また各修道院と深い関係にある個々人の魂の救済のために祈祷典礼を行うことである。これらの修道院の存立基盤は農村における大土地所有である。

一三世紀の初めには、全く新しい修道制として、托鉢修道制が生まれる。これは土地財産を持たず、もっぱら喜捨や寄付によって生活し、祈祷よりも説教を主要な活動とする修道士たちであって、フランチェスコ会、ドミニコ会、カルメル会、聖アウグスティヌス会などが代表的である。これらの托鉢修道会は都市をもっぱら活動の舞台とした。こうした修道会の出現の理由については後に触れるが、その出現は農村を基盤としてきたカトリック修道制の大きな転換を示すものだった。

## ●教皇と教皇庁

教会組織の頂点に位置するのが教皇と教皇庁である。中世前期のカトリック圏では教皇の首位性は認められていたものの、その地位は不安定で、イタリア半島中部での有力者の角逐やアルプス以北の政治的リーダーの介入に絶えず左右されていた。

一一世紀の半ばから一二世紀の半ばにかけてグレゴリウス七世を初めとする教皇たちが推進

した「グレゴリウス改革」は、教会組織への王侯の介入を排して教皇への求心性を高めようとする改革であった。高位聖職者の人事権をめぐっては叙任権闘争と呼ばれる王侯との抗争も生じるが、一二世紀初めには妥協が成立する。改革後の教皇権はその威信と実力を高め、一三世紀初のインノケンティウス三世は世俗権力一般への上級監督権を持つとさえ主張した。一三世紀の教皇は司教選任について自らの権限を拡大するなど、教会の中央集権化をさらに推し進めた。しかしそのイタリア中心主義と重い財政的要求には各国で反発が高まり、一四世紀初めにはボニファティウス八世とフランス王権との衝突に至る。この後のアヴィニヨン教皇庁と大シスマ、一五世紀の状況については第九章で述べる。

教皇を支える組織としてはまず枢機卿団が挙げられる。これは教皇を祷務で補佐するための団体からその業務全般の補佐機関になり、また教皇選出団体となったものである。尚書官、財務官を初めとする教皇庁の事務機構も重要である。教皇庁の官僚制と文書行政はきわめて早期に発展し、このころまで世俗国家の追随を許さなかったのである。教皇はまた、その全権主張を背景に、しばしば各地に教皇特使を派遣して諸問題の解決に努めた。

## 二　中世のキリスト教会と民俗宗教

### ●聖人崇敬

キリスト教は中世の俗人、とりわけ民衆にとってどのようなものだったのだろうか。よく知られているのは聖人崇敬である。聖人は天国にある優れたキリスト教徒の霊で、人間の祈りを神に取り次ぐ存在と想定され、信仰故に殺害された者（殉教者）と、とりわけ優れたキリスト教徒であって生前から奇跡を起こした者（証聖者）とに分かれる。今日では厳重な審査を経て聖人が認定されるが、古代末、中世には地方的に崇敬されていた人物をそのまま聖人として認知することも多く、結果的に歴史的実像のはっきりしない多数の聖人が存在することになった。

カトリック教会は一神教の論理から、奇蹟を起こす力は神のみが持ち、聖人はあくまで願いの取り次ぎを行うに過ぎないとする。しかし民衆にとっては奇蹟を起こすのは聖人であった。また民衆は、多くの聖人をある程度専門化された御利益の授与者と見なしていた。これとは別に、村も都市も王国も固有の守護聖人を持っていた。暦は聖人の祝祭日の連続であった。聖堂は主祭壇や付属祭室の祭壇でこうした多数の聖人を祀っていた。こうしてみると、中世カトリック・キリスト教は多信心の宗教だったといえる。

さらに重要なのは、信心の対象としての教理や人格が、それに関連した物品と同一化していたということである。イエスやマリアがこの地上に遺した物品、諸聖人の肉体および遺物などを聖遺物と呼ぶが、これらはそうした意味ではイエス、マリア、諸聖人そのものであり、聖なる力を発散していた。聖堂の設立には中核となる重要な聖遺物が必要だったし、王侯は身の回りにこうした聖遺物を置きたがった。聖人の遺体が存在するといわれる聖堂については、その遺体の存在を説明する縁起物語が作られた。中世における巡礼とは、高名な聖遺物の所在地に赴き、肉体と魂のためにその聖なる力を受け取ることだった。

修道院ではその守護聖人に敵対者の制圧を祈り、その効果が見えないとなると、聖遺物の収められた箱を祭壇から下ろして床に置いたり、聖人の墓の入り口を茨で覆ったりする。これは辱めによって聖人の奮起を促すとともに、地域社会を威嚇して紛争の解決への努力を求める行為だと推定される。さらにこれを農民が行ったという伝承も残っている。頼み事が一向に実現されないことに業を煮やした農民が聖人の墓に詣で、墓棺を棒で叩いて聖人の怠惰を責めたというのである。要するに聖人と聖遺物は同じものであり、聖人と自分たちの間には互酬によるコミュニケーションが成り立つのである。

## ●民俗宗教

かつて多くの歴史家は、このような中世民衆のキリスト教信仰のあり方は、残存する異教の伝統がキリスト教の滲透を阻んだ、もしくはそれを歪めたせいであるというような説明をしてきた。しかしこのような説明は異教の伝統といったものの存在を証明抜きで想定していること、また純粋な教理信仰としてのキリスト教なるものを前提する点で、非常に不適切である。

これに対して近年提起されている説明では、キリスト教に先行して存在した民俗宗教の枠組を想定する。この民俗宗教は、農民生活の基層に根ざす宗教的世界観で、多数の事物を信心の対象とし、その対象との間に呪術的なコミュニケーションを交わすことを特徴とする。たとえば一一世紀にヴォルムス司教ブルカルドゥスが書いた贖罪規定書『矯正者』には、民衆のさまざまな「迷信的」行為が挙げられている。民衆にとって世界は超自然的な力を持つ事物に満ちており、人は多様な呪術によってこれらの力に接することができるのである。このような世界観の中に入り込んだキリスト教は、他の超自然的な事物や呪術と同じレヴェルで理解され、それと共存することになる。

教会の指導層はこのような状況に直面して、民俗宗教の中で正統なキリスト教信仰として認知するもの、迷信として排除するものの線引きをする必要に迫られる。後者のような信仰が存在することについては、悪魔の教唆や異教の伝統として説明される。こうして「正統」とされたキリスト教信仰の中には、文字文化と論理的思考によって支えられるエリートのキリスト教信仰と、民俗宗教の世界を背後に持つ民衆のキリスト教信仰が併存することになるのである。

それは矛盾を孕んだ、しかし多彩な観念に満ちたキリスト教であった。

## 三　正統と異端

### ●民衆的宗教運動の要因

中世盛期以降は民衆の中でも、農民生活の伝統と心性に還元できないような新しい宗教運動が生まれてきた。教会エリートが保持する信仰が、中世盛期からさまざまの回路を通じて民衆の世界に伝えられていったこと、都市の成長や遠隔地との交流の発展など、民衆の生活環境が少しずつ変化してきたことによって、民衆の生活文化や心性が古い農民文化の基層から離れ始めたことが、その背景にある。

とりわけ重要な動因は、貨幣経済をめぐる良心の葛藤だった。キリスト教は原理的には貨幣経済に否定的である。しかし西欧社会では急速に貨幣経済が発展していった。この時一部の人びとは聖書を学び、財産放棄による自発的な貧困と世界に対する宣教こそが正しい生き方であるという、いわゆる使徒的清貧の理念を読みとる。彼らはこうした理念を文字通りに実践して新しいコミュニティを作ろうとしたので、基本的には既存の社会秩序を維持しようとするカトリック教会当局の間に強い緊張が生まれた。そしてこの緊張の中で教会の統制を拒否するにいたった集団が異端となっていく。

### ●中世盛期の異端と托鉢修道会

一一世紀前半から民衆的な基盤を持つと見られる異端集団が散発的に現れるが、一二世紀後半にはカタリ派、ヴァルドー派、フミリアーティなど大規模な集団が現れる。このうちカタリ派は東方教会の異端ボゴミール派の影響を強く受けており、旧約聖書を認めない、新約聖書を独特の仕方で解釈するなど、異端と言うより異教の性格が強い。しかしいずれの集団も、その清貧を旨とする生き方で人びとを引きつけた。

他方で使徒的清貧の理念を基盤としながら、教会のために働く集団も生まれた。これが托鉢修道会である。アッシジのフランチェスコの無所有と托鉢説教の運動がフランチェスコ会を生んだ。またイベリアのオスマの聖堂参事会員であったドミニコは、異端カタリ派を説得によってカトリック教会に復帰させる仕事を続けるうち、異端と戦うには使徒的清貧と学識が重要と認識し、これを基本方針とするドミニコ会を創立するに至った。これらの修道会は以後、あらゆる側面で中世末期のカトリック教会を主導する存在になっていった。

### ●中世末期の異端

一四、一五世紀にも清貧の理念は人びとを吸引し続けた。体制を支える柱となった托鉢修道会の中にも、カトリック教会のありさまを批判して反体制に向かう部分があった。他方で一四世紀後半からは教皇権が政治的に動揺する中で、民族的な自覚に基づいて各国における自主的な教会改革を是認する思想家、またその教えを奉ずる集団が登場した。イギリスのウィクリフとロラード派、ボヘミアのフスとフス派がそれである。これらはいずれも異端として弾圧を受けたが、各国の教会が独自の道を歩む時代を先触れするものといえる。

### ●中世末期の都市とキリスト教

しかし、異端者は基本的には少数だった。教会エリート、とりわけ托鉢修道会士たちは都市民の社会生活と正統信仰のメッセージを調和させることを重視していたし、都市民の中の篤信者たちは教会の指導の下でキリスト教を学び、さらにそれを自分たちなりに表現して民衆を教化することに熱心だった。たとえば中世末期の都市では、しばしば聖書や聖人伝の物語を市民出演の演劇にして提示する宗教劇が上演された。文字を通じて聖書に接することのない民衆も、こうした演劇を通じてその物語に親しんでいた。

また都市では俗人の兄弟団（ないし信心会）が大発展を遂げた。これは宗教的目的をもって結成される自発的結社で、葬儀、祭礼、祈祷、慈善などの宗教活動を共同で行う。そのメンバーは生きているときも死んだ後も、こうした宗教活動から生じると信じられた功徳の恩恵に浴するのである。他方で彼らは宴会などの懇親活動にも熱心で、生活上の相互扶助も行った。彼らの活動はある面では都市住民の生活文化の表現であるが、同時に一三世紀に発展させられた煉獄の教義（死者は生前に償いきれなかった罪を煉獄で償い、これによって清められたのち平安の眠りに入り、この世の終わりに復活して完全に救われる。煉獄での償いはこの世での死者のための祈りによって軽減されうる）に支えられていた。托鉢修道会と結びついた兄弟団も多数見られる。都市民の宗教的自覚の深まりとカトリック正統信仰の枠組みは、一般的にはまだ深刻な衝突には至っていないといえよう。

資料7－2　ヴァランシエンヌの宗教劇の舞台（1547年）

# 8 西欧世界の拡大

## 一　聖地十字軍および東地中海での西欧勢力の発展

### ●聖地十字軍と聖地国家

中世盛期から末期にかけてのカトリック圏は、内部の経済成長をエネルギーとして、ゆっくりとではあるが、東地中海、西地中海、バルト海沿岸で領域を拡大した。それにつれて、より遠方の世界との経済的知的交流も活発となった。

東地中海方面における拡大としてまず問題となるのが、いわゆる聖地十字軍と聖地国家である。十字軍の成立については、よく知られていることなので、ここでは省略する。一〇九六年に始まる第一回十字軍はイスラーム勢力の分裂もあって成功をおさめ、パレスティナには聖地国家が生まれた。しかし一二世紀の過程で聖地国家はイスラーム勢力の反攻の前に存続困難となっていく。一三世紀初めの第四回十字軍はイスラーム勢力の政治的中心地であるエジプトを圧迫することを目指したが、迷走のあげくコンスタンティノープルを占領してラテン帝国を建てるにいたる。第五回から第八回はエジプトを進軍目標としたが、結局十分な効果を上げることができなかった。第七回、第八回十字軍を率いてマムルーク朝エジプトを攻めたフランスのルイ九世が一二七〇年にチュニスで病死した後、聖地国家は一二九一年に最終的に消滅した。

なぜ西欧勢力は聖地国家を保持することができなかったのだろうか。聖地国家には西ヨーロッパ人はほとんど入植しなかった。ごく少数の西欧人領主が現地人農民を支配した。都市ではイタリア商人が活動したが、彼らにとってはキリスト教徒がこの地域を政治的に支配することは、その活動にとって必須の条件ではなかった。要するに聖地国家は、西欧人にとっては実益に乏しい宗教的シンボルに過ぎず、持続的な防衛努力の対象とはなり得なかった。その意味では、十字軍は挫折を運命づけられた事業だといわざるを得ない。

なお、聖地十字軍の過程で、騎士であって修道士であるという特異な身分の団体が生まれた。起源的には聖地への巡礼を防衛、介護する業務を志願した戦士たちの団体であり、修道士として貞潔の戒律を守って共同生活をするが、同時に戦士として活動する。聖ヨハネ騎士修道会、神殿騎士修道会などは聖地国家の常備軍として活動した。彼らはパレスティナだけではなく、西欧各地に支部を置き、寄進によって莫大な所領を築き上げた。聖ヨハネ騎士修道会は近世にはマルタ島を領有するマルタ騎士団となり、今日もローマで存続している。神殿騎士修道会は銀行業務にも手を広げ、フランス王権の財務にも深く関わったが、一四世紀初めにフランス王権の圧力の下で異端集団とされ、執行部が処刑されたうえで解散に追い込まれた。ドイツ騎士修道会はもともとドイツ人の戦士たちがこのような活動を志して結成した団体であるが、最終的には聖地国家を離れ、バルト海沿岸の開拓と布教に従事することになる。

### ●東地中海への進出

ただし、見落としては成らないのは、十字軍の副次的影響である。多数の西欧人と東地中海沿岸諸地方との接触は交易の機会を増大させ、これを扱うイタリア商人の活動範囲が拡大した。やがて西欧人はビザンツ帝国を圧迫しながら東地中海を勢力圏とし、重要な拠点を獲得する。これによってヴェネツィア、ジェノヴァの遠隔地商業はさらに拡大することになった。さらにパレスティナ巡礼が流行し、イスラーム教徒への対抗心から東方にキリスト教徒の味方となる「司祭ヨハネスの国」を想定する、モンゴル帝国との提携を模索するなどの動きも見られ、一般に東方への関心が高まった。

ここでは特に十字軍の過程で東地中海が西ヨーロッパの勢力圏となったことに注目したい。この拡大はビザンツ帝国の犠牲の上に行われた。ビザンツ帝国が支配していた東地中海で、西欧勢力が最初に獲得したのはキプロス島である。次いで一二〇四年の第四回十字軍がビザンツ帝国を征服してラテン帝国を建てた。この帝国は一二六一年に滅びる。しかし属領のアカイア公国やアテネ公国は一五世紀まで部分的に存続した。

ヴェネツィアはラテン帝国の八分の三の領域を与えられ、一二二〇年までにコルフ、モドン・コロン、クレタ、ネグロポン

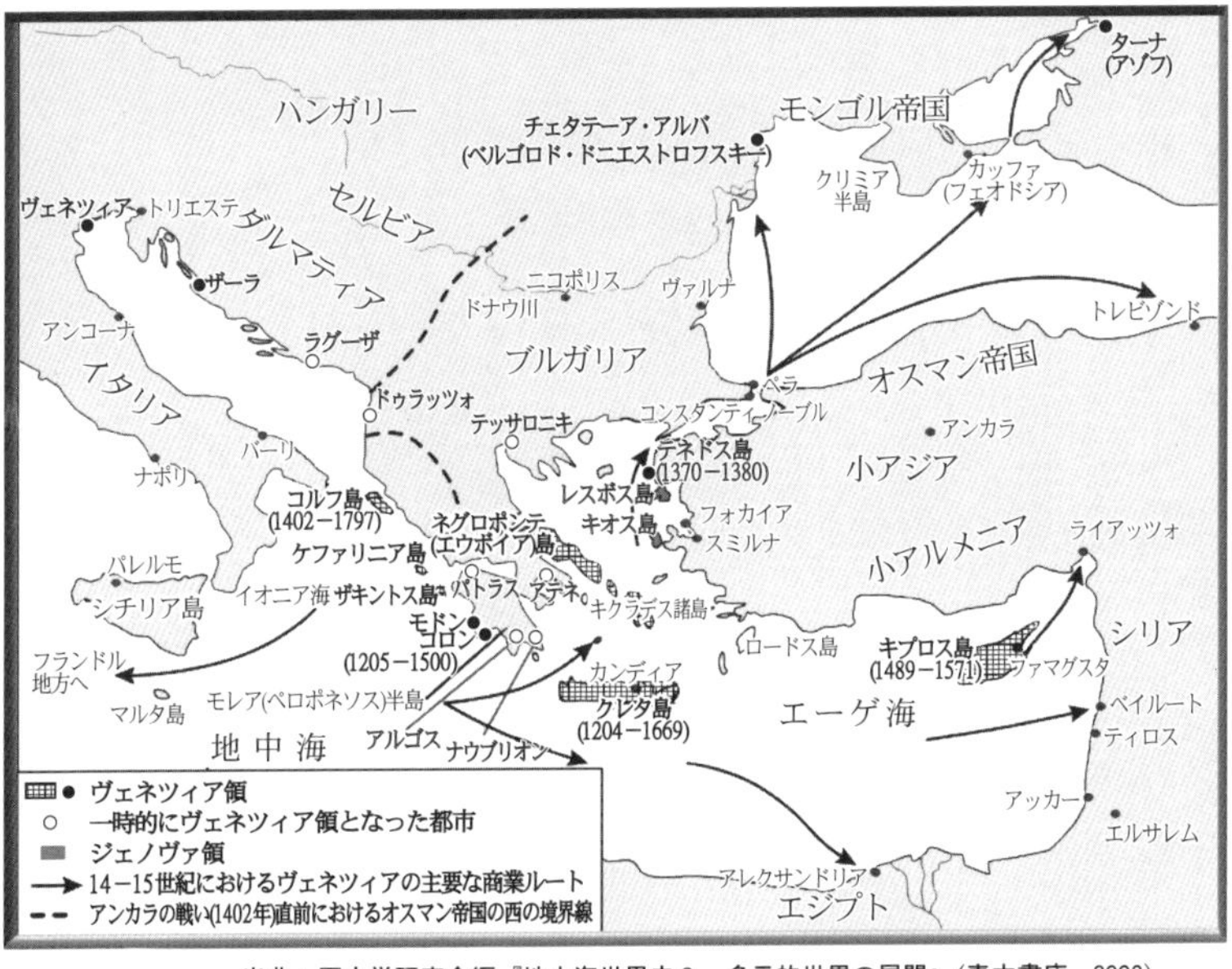


出典：歴史学研究会編『地中海世界史２　多元的世界の展開』（青木書店　2003）

資料８−１　ヴェネツィア帝国の版図

テなどを征服して属領とした。ヴェネツィアのライヴァルだったジェノヴァは、ビザンツ帝国の亡命政権であるニケーア帝国を援助しながらヴェネツィアと激しく争い、一四世紀にキオス島、レスボス島をはじめとする島嶼を獲得した。聖ヨハネ騎士修道会が入手したロードス島を含め、これらの島は一五、一六世紀にオスマン・トルコの支配に入るまで、東地中海における西欧勢力の橋頭堡となる。

### ●隣接世界との交易と交流

イタリア商人はこれらの植民地を足場として活発な遠隔地商業を展開した。一三世紀前半においてはラテン帝国のみならず、ビザンツ帝国の亡命政権であるニケーア帝国も、イタリア人に原料や食糧を売り、手工業製品を買い入れた。一二六一年に復活したビザンツ帝国は、ジェノヴァ人だけでなく、第四回十字軍の元凶であったヴェネツィア人にも大幅な特権を付与し、経済的にもイタリアに完全に従属した。

西アジアではモンゴルの大征服の後、イル・ハン国を建てたフラグがキリスト教に好意を示し、彼の下ではジェノヴァ人たちが活動した。彼らはさらにライヴァルのヴェネツィア人とともに、黒海のトレヴィゾンド、クリミア半島のカッファ、アゾフ海の奥のタナ、さらにはカスピ海北岸のアストラハン、タブリズのような内陸部まで進出し、アジアの商人から香辛料、絹などの東方奢侈品と奴隷を買い付けた。モンゴルに向う教皇や君主の使節も、この黒海ルートを辿った。

シリア・パレスティナ地方では、一二世紀からイタリア商人が聖地国家を介してイスラーム教徒商人と絹や香料といった東方産品の取引を続けていた。一二九一年の聖地国家消滅により、シリア・パレスティナは完全にエジプトのマムルーク朝の支配下に入る。しかしこのことは遠隔地商業の断絶を意味しなかった。一三世紀以降のマムルーク朝との貿易は、しだいにヴェネツィア商人の独占するところとなった。一四・一五世紀には、ヴェネツィア商人はシリア・パレスティナの内陸部で西欧の繊維製品を売り、また棉花を買い付け、トリポリ、ベイルート、アッコンからイタリアへ送っていた。また彼らはエジプトでは開港地アレクサンドリアで香料、染料などの東方産品を買い付け、巨利を得ていた。

## 二　西地中海・マグレブへの進出

### ●西地中海への進出

西地中海方面でのカトリック圏の拡大は、南イタリアにおけるノルマン・シチリア（両シチリア）王国の建設とイベリア半島でのキリスト教徒によるイスラーム教徒の制圧、すなわちレコンキスタに深く関わっている。前者についてはすでに第四章で述べた。また後者については、第九章で述べる。ここでは主に海域での西欧勢力の発展について述べる。

まず西地中海ではピサとジェノヴァが一二、一三世紀に相互に争いながらリグリア海、ティレニア海を制圧し、サルデーニャ、コルシカなどの島嶼を領有した。続いてアラゴン王国が一三世紀にバレヤレス諸島を征服してこの海域に進出してくる。一二八二年にはシチリア島で起きた「シチリアの夕べの祈り」事件に介入し、この地の王位を獲得して南イタリアに拠点を築いた。アラゴンの勢力圏では、バルセロナを中心とするカタルーニャ商人が進出してくる。他方ジェノヴァ商人はアンダルシアに進出して、セヴィリアなど西地中海と大西洋をつなぐ重要な商業拠点を押さえた。

### ●アフリカでの交易と探検

一三世紀には、北西アフリカ、いわゆるマグレブとの交易はマルセイユ、ピサ、メッシナ、バルセロナの商人が支配していた。これらの商人はマグレブに毛織物、金属製品、ガラス細工、薬品や香料をもたらし、キャラバン商人がサハラ砂漠を越えてこれらの商品をブラック・アフリカに運んだ。代価としてブラック・アフリカから西欧商人にもたらされるのが、セネガル川、ニジェール川上流で産出される砂金である。一四世紀におけるニジェール川上流でのマリ帝国の発展は、サハラ以南での西欧産品への需要と金の供給をいっそう増大させ、マグレブ商業の活性化を促した。西欧商人による奴隷買い付けも盛んに行われている。また商業活動と並行して、フランチェスコ会の修道士たちによるキリスト教布教も行われ、フェズには司教座さえ置かれた。しかし布教はほとんど効果を挙げなかった。

アフリカの西岸および大西洋への進出は一三〇〇年以前に始まる。一二九一年にはジェノヴァ人ヴィヴァルディ兄弟が、アフリカを迂回してインドに到達することをめざして出帆している。一四世紀の前半にはイタリア人がカナリア諸島およびマデイラ島に達した。しかし一五世紀からはポルトガル人が主導権をとるようになる。当初彼らを引きつけたのは先程述べたサハラ以南の黄金であったが、四〇年代以降になって、このころエチオピアの南に想定されたユートピア「司祭ヨハネの国」の探求とインド航路の発見という新たな動機が加わったようである。

## 三　バルト海沿岸での拡大と交渉

### ●エルベ川からヴィスワ川まで

まず中世前期のフランク王国の東の端であったエルベ川とオーデル川の間にはヴェンデ人と総称されるスラヴ諸族が居住していたが、ここにドイツ勢力が進出する。まず内陸部のハーフェル川沿いの地域では、アスカニア家が勢力を拡大し、一三世紀の半ばにはブランデンブルク辺境伯領を完成した。ヴェンデ人はここでは早期にキリスト教を受容しており、速やかに辺境伯領に組み込まれていった。バルト海沿岸地方では一〇世紀半ばから政治的支配とキリスト教布教が始まるが、ここではヴェンデ人の反乱が相次いだ。一二世紀になると、植民の活発化や十字軍理念の影響もあって、軍事的圧力を用いたキリスト教化が追求されるようになり、沿岸部のヴェンデ人に対しては一一四七年に十字軍が宣せられた。これ自体ははかばかしい戦果はなかったが、教会網が再建され、ドイツの大領邦君主であったハインリヒ獅子公の支配下に、力によるキリスト教化が進んだ。また、オーデル、ヴィスワ川間のポメラニアでは、一一世紀からスラヴ系のポメラニア人が領邦を築き、異教信仰を守って内陸部のポーランド王国に抵抗を続けていたが、一二世紀にポーランド王との戦いに敗れて服属し、キリスト教を受容した。

## ●ヴィスワ川以東への進出と交易

ヴィスワ川よりさらに東のバルト海沿岸には、バルト語族の言語を話すプロイセン人、リトアニア人、ラトヴィア人、フィノ・ウグリア語族の言語を話すフィン人、エストニア人などの異教徒が居住していた。まず一二世紀末から一三世紀初めにクールラント、リヴォニア、エストニアへの武力征服と布教が進行した。次いで一三世紀初めにドイツ騎士修道会が聖地から呼び寄せられ、キリスト教布教の任務と引き換えに、教皇庁と皇帝からプロイセンからエストニアにいたる地域での国家建設を承認された。プロイセンでは先住民はしだいにドイツ化していった。他方で一二、一三世紀にはスウェーデン王国がバルト海北岸に進出し、この地のフィン人のキリスト教化が進んだ。スウェーデン勢力とドイツ騎士修道会はさらに連携してロシア進出を企てるが、その侵攻は一二四〇～四二年にノヴゴロド公アレクサンドル・ネフスキーによって阻止された。

この地の諸民族の中でリトアニア人は騎士修道会への激しい抵抗を続けた。一三七八年になって彼らの国がポーランドと同君連合を組むに至り、リトアニア人はようやくキリスト教を受け入れた。この後、強大化したポーランド王国はドイツ騎士修道会と対立するようになり、修道会を一四一〇年にタンネンベルクの戦いで破って服属させた。

資料8－2　ドイツ騎士修道会士

バルト海の交易圏は、このように拡大する西欧カトリック圏をさらに越えて、ロシアのノヴゴロド、スモレンスクにも及んでいた。北欧、東欧からは毛皮、針葉樹を中心とする木材と林業産品が西欧に輸出された。また一四世紀以降バルト海沿岸からは大量の穀物が運ばれた。西欧からはビスケー湾産の塩、フランドル・オランダ諸都市・イギリスの毛織物が輸出される。リューベックを初めとする北ドイツのハンザ同盟諸都市の繁栄は、この交易に依っていたのである。

## 四　アジア・エジプトと西欧

### ●一二世紀までのアジア・エジプトと西欧

ここでは中世盛期、末期の膨張する西欧を、ユーラシア史の中に位置づけてみる。まず西アジアの諸地域を最初に広く結合し、交易を活発化させたのは、七世紀から九世紀にかけてのアッバース朝イスラーム帝国であったと思われる。しかしこの時期には西欧は全体としてはまだ孤立した辺境であって、この広大な商業ネットワークと深い関わりを持つことはなかった。

その後、西欧はゆっくりと経済成長を続け、十字軍を契機として一二世紀から東地中海を通じてアジアと緊密な接触を持つようになる。この時点で地中海から東アジアに至る重要な商業ルートとしては、コンスタンティノープル、黒海、中央アジアを通る北方ルート、シリア、イラク、ペルシャ湾、インド洋をつなぐペルシャ湾ルート、エジプト、紅海、インド洋をつなぐ紅海ルートがあった。西欧はこの三つのルートを通じて、東アジア、南アジアから香辛料、絹、宝石などを入手し、鉄、銀、琥珀、穀物、葡萄酒、木材、羊毛、毛織物、奴隷などを供給していた。

## ●モンゴルとマムルーク朝

一三世紀の前半、アジアはモンゴルの大征服によって大きく変化する。世紀後半には中国から南ロシア、ペルシャ湾に至る地域がモンゴル王朝の支配に服し、いわゆるモンゴルの平和が訪れる。これによって、三つのルートのうち二つが大きな影響を受けた。まず、モンゴル軍のバグダッド破壊によってペルシャ湾ルートは大きな打撃を受けた。シリア・パレスティナ地方で聖地国家が消滅し、この地方の都市が西欧商人の定住の場でなくなったことも、このルートの衰退に拍車をかけた。他方でモンゴルは、諸国家によって分断されていた北方ルートを統一支配の下に置き、商業と軍事の道として整備した。イタリア都市の商人が一三世紀後半に黒海方面に拠点を持ったのはこのためである。これに対し、モンゴル軍を撃退したエジプトのマムルーク朝は紅海ルートを自分の利権として最大限に活用することになる。

こうして一三世紀後半に西欧はアジアの広大な通商システムの中に組み込まれた。しかし、北方ルートはこの後急速に衰えていく。まず一四世紀の前半に気候の寒冷化によって飢饉がしばしば生じ、ついで黒死病の大流行が起きた。急激な人口減はどこでも経済危機をもたらす。これと並行して、モンゴル帝国の解体が生じた。北方ルートは政治的分裂と混乱によって分断され、イタリア商人たちも、この道から次第に撤収していった。

マムルーク朝も人口に大きな打撃を受けたのであるが、紅海ルートは保全された。マムルーク朝エジプトとの商業で独占的地位を確保したのがヴェネツィアだった。一四、一五世紀にヴェネツィアが西欧の東方貿易の主体となり得たのは、マムルーク朝との結びつきによるものである。ここで次のことに注目したい。一三世紀には西欧はマムルーク朝との交易でなお食料・原材料輸出に大きく依存していた。しかし一四世紀半ばを転機として、西欧が原材料を輸入して加工し、再び輸出するという形が現れてくる。この時点ではバルト海からマグレブ地域まで、西欧に工業力で対抗できる隣接地域は見あたらない。つまり、一三世紀後半の繁栄の後、西部ユーラシアの諸地域がおしなべて生産力の停滞あるいは後退を経験する中で、西欧は比較的にいえば成長を続けていたのである。

他方で、東地中海を押さえるヴェネツィア・マムルーク朝ブロックに対抗して、ジェノヴァは西地中海から大西洋への進出を窺った。これがレコンキスタを成し遂げたアラゴン、カスティリア、ポルトガル勢力と提携するとき、大航海時代が始まることになる。

# 9 西欧諸国の成長と教皇権の動揺

## 一　王国と帝国

### ●王権とその継承

一二世紀までの西欧では、ほとんどの人間の生活は、所領、村落、街区、教区といった規模の共同体の中で完結していた。しかし支配階層については、より広い領域での政治的組織化がすでに問題となっていた。そして中世末期になれば、広域的な統治権力の作用は、一般の民衆の日常生活にも否応なく及んでいくことになる。

広域統治の担い手として代表的なものは、国王である。中世盛期・末期のカトリック圏には王と呼ばれる人がおおよそ十数人いた。王権の帰属は世襲と選挙という二つの原理による。選挙王政は原理的には世襲に対立するが、現実にはしばしばこれを補完していた。また、女系を介しての繋がりも一般的には排除されない。

よく知られているように、ドイツでは一三世紀から選挙王政が定着した。その原因は王朝の偶然の断絶や未成年の嗣子のみが残される事態がしばしば生じたこと、またドイツ王権が皇帝の称号を帯びたことにあると思われる。これに対してフランスではユーグ・カペー以降一四世紀の初めまで、カペー朝が直系の男子を欠くことはなかった。諸侯たちが半ば習慣によってこれらの男子の即位を受け入れているうちに、カペー朝は実力においても威信においても彼らを圧倒するようになる。一四世紀の初めに直系男子の欠如が生じたときに直系女子よりも傍系男子を優先する先例ができ、次いで一三二八年のカペー朝断絶に際して女系継承の排除原則が確立する。イングランドでは王位をめぐる内戦がよりしばしば見られるが、対立候補たちは互いに先の王との血統的繋がりによる相続権を主張しており、世襲王政が基本である。なおイングランドでは一二世紀から女王および女系継承の事例が現れている。

## ●王権の超越性

もともと中世の人びとにとって王とは、天与の超自然的な力（カリスマ）の持ち主だった。このカリスマは、異教時代には王が神々の血を引いていることに由来すると見なされていた。またその力の機能は戦いを勝利に導くことや、豊かな実りを大地にもたらすことであると考えられていた。このような考え方はキリスト教改宗後も、民俗信仰の一部として長く存続した。そして、こうした力は血統によって伝わるものであるので、「正しい」血統の王を立てることは何よりも重要であると考えられた。

これに対し、異教の神々を否定したキリスト教会の立場よりすれば、王とは神に選ばれ、統治を委託された者ということになる。王に超自然の力を認めるとしても、それはあくまで神が教会を通じて王に与えたものだということになる。この恩寵の授与を表現する儀式が、古代イスラエルの伝統を引く塗油式であって、この導入についてはすでに触れた。

現実にはこれらの考えは混じり合っていた。たとえばフランスおよびイングランドの王に特有の能力として宣伝された「瘰癧（結核性リンパ腺腫）治療力」は、血統による特殊な力と見なされた点ではキリスト教以前の王権観に通じているが、塗油の儀礼後に初めて可能となるとされた点では、教会起源の観念が盛り込まれている。

教会が説く政治思想のレヴェルでは、王はキリスト教国にふさわしい正義と平和を実現する責務を負った存在であり、とりわけ寡婦、孤児、貧者、旅人といった社会的弱者と教会を保護する任務が彼に課されていた。また統治に際しては、絶えず人民の代表者と協議し、その助言に基づいて統治しなければならないとされた。ちなみにここで人民の代表者と目されているのは、中世盛期までは高位聖職者、大貴族などであるが、中世末期になると、議会を通じて諸身分代表の意見をきくべきであるという解釈に変わって行く。

### ●王権の実力基礎

王権が上級権力として他の勢力を制して王国規模の実効支配を実現するためには、すでに述べたような超越的権威に加え、実力基礎の構築が不可欠であった。一三世紀までの王権は基本的に自らの君主的、領主的諸権利に基づく収入で統治を賄うべきものとされていた。各国王権は財産の新規獲得や取り分の拡大に営々と努力したが、中世末期には肥大する王国の行政と軍事をこれのみで賄うことは不可能となった。そのため一四世紀からは全国規模の課税が頻繁に行われ、ついには常態化するようになった。

一二世紀以降、傭兵使用や家臣の超過軍役への動員が可能となり、王たちの戦争遂行能力は格段に高まった。さらに国王は官僚集団の形成に意を用いた。一二、一三世紀からは、それまでの給地官僚や官僚代理としての高位聖職者に代わり、俗人の現金給与官僚が現れ、王権の強力な代理人となった。また領主裁判権にさまざまな意味で優越する固有の裁判権も王権を王権たらしめる重要な要素であり、各国王権がその獲得に大きな精力を注いだものである。

王国が長期間存続すると、その住民にはエトノス（エトニ）としての共属意識が育っていった。これらの意識は具体的な出自伝承や崇敬対象を伴った。当時は住民のまとまりの意識を正当化するのには、その共通の出自を強調することが適切な手段と考えられたからである。中世前期から特定の民族を古代世界の一民族ないし一個人の子孫とみなす説が行われていたが、これらの説は中世盛期にも絶えず繰り返された。また民族的な崇敬対象や民族聖人といったものもひろく認められる。

### ●帝国・帝権の問題

それでは帝国と王国の間には、どのような関係があるのだろうか。まず、カトリック諸国が全体としてひとつの世界帝国を構成しているという考え、またそこには諸王国の紛争を裁定し、また異教徒との戦いを主導するような君主中の君主が本来存在すべきであるという考えが根強かったことは、おそらく確かである。しかしこのような理念と現実の皇帝権を結びつける考えは決して一般的ではない。現実の帝国は中世盛期にはドイツ、ブルグント、イタリアから成る一個の領域的政治体であり、中世末期には事実上ドイツ王国だった。そしてフランス王やイングランド王はドイツ王の優越をまったく認めなかったのである。そもそも皇帝権が他の国王の正統性を保証するといった権威による階層序列は、帝国の外側には存在しない。むしろ諸王国は横並びでひとつの共同体を形作っていたのである。

## 二　諸国家の成長

### ●中世盛期のイングランドとフランス

一〇六六年のいわゆるノルマン征服により、ノルマン朝のイングランド支配が始まった。ウィリアム一世はイングランドで征服に付き従った家臣たちに所領を分配し、封建制によって彼らを統制する一方で、既存の州などの行政的枠組みを活用して領域的な行政権を掌握し、集権的な封建国家を形成した。一二世紀には同じくフランスのアンジュー伯が、この英仏海峡にまたがる国家を相続してプランタジネット朝をひらく一方で、結婚などによってフランス王国の西半部の支配権を入手した（ヘンリ二世）。これらの君主は大陸で活動しながら、イングランドの集権化を進めた。

しかし一三世紀の初めにジョン王は、フランス王との争いに敗れ、大陸領土の大半を失った。彼はまた国内に重税を課したので、貴族と高位聖職者は王権の制限を試み、一二一五年に大憲章（マグナ＝カルタ）を認めさせた。ジョン王を継いだヘンリ三世も恣意的な政治を行ったので、貴族の一人、シモン・ド・モンフォールは改革派を率いて王軍を破り、一二六五年には従来からの貴

資料９－１　14世紀初めのヨーロッパ

族、高位聖職者からなる封臣会議に、あらたに州代表である騎士と都市の代表を招いて議会を形成した。シモンは王軍に敗れ改革も挫折するが、議会制度は次のエドワード一世によっても活用された。一四世紀には貴族、高位聖職者からなる貴族院と州・都市代表からなる庶民院が分離した。

フランスは一一世紀には諸侯、伯、城主が割拠し、カペー朝の影響力はパリ、オルレアン地方に限定されていた。しかし一二世紀には王権はこの地方を制圧し、全国に対しても宗主権の主張を強めた。フィリップ二世はジョン王の家臣義務違反を責めてプランタジネット朝から広大な領域を奪った。また一三世紀初めにカタリ派異端討伐の名目で十字軍による南フランス征服が行われたが、その征服地は王に献じられた。こうして一三世紀のフランス王権は安定した基盤を獲得し、カトリック圏の政治的主導者となった。フィリップ四世は聖職者課税問題で教皇ボニファティウス八世と対立したが、一三〇二年に聖職者、貴族、都市の代表からなる三部会を召集して支持を集め、教皇を屈伏させた。

一三二八年にフランスでヴァロワ朝が始まると、イングランド王エドワード三世は王位継承権を主張してフランスに侵入し、百年戦争が始まった。その背景にはフランドルでの両国の影響力争いや、イングランド王の封土ギュイエンヌをめぐる対立があった。緒戦はエドワード黒太子らの活躍でイングランドが優勢であったが、一四世紀後半にはフランスが盛り返した。一五世紀初めにイングランドのランカスター朝は、フランスでの政治的混乱に乗じて北フランスを占領、さらに南下の動きを見せた。しかしヴァロワ朝のシャルル七世はジャンヌ・ダルクの活躍にも助けられて反撃に転じ、一四五三年にはカレーを除くランカスター朝の大陸領をすべて征服して百年戦争を終結させた。この戦争は結果的に両国のこみ入った権利関係を清算し、また国民意識を刺激して国家統合を促進した。

これ以後、フランス王権は都市と結んで諸侯の抵抗をおさえながら、急速に集権化を進めた。イングランドでは百年戦争の後、ランカスター、ヨーク両王朝が王位を争うばら戦争が起こり、王族や有力諸侯が次々と姿を消した。結局リッチモンド伯ヘンリが一四八五年に内戦をおさめてテューダー朝をひらいた（ヘンリ七世）。

## ●ドイツと中欧・北欧の動向

教皇と皇帝が高位聖職者の任命権を争った叙任権闘争の後、ドイツでは諸侯の自立化が進んだ。一二世紀のシュタウフェン朝のフリードリヒ一世はイタリアで権限の回復に力を注ぐとともに、諸侯には強いリーダーシップを発揮した。しかしその後のシュタウフェン家の皇帝たちは、新たに獲得した両シチリア王国に集中してドイツを放置する傾向を強め、諸侯たちは閉鎖的な支配圏を築き始めた。一三世紀の後半には大空位時代も出現したので、一三五六年にカール四世は金印勅書を公布して七選帝侯を定め、国王選出の方法を確立した。この勅書で選帝侯に認められた独立的地位は順次他の諸侯にも拡大していった。こうして多数の領邦や独立都市（帝国都市）をゆるやかに統合する連邦国家としての帝国の体制がしだいに形成された。帝位は一五世紀からハプスブルク家が世襲するようになった。

この間ドイツ勢力は東に発展した。エルベ川の東にはブランデンブルク辺境伯領やドイツ騎士修道会領が形成され、ドイツ人が進出した。またボヘミア、ポーランド、ハンガリーにも多数のドイツ人が移住した。なおアルプス地方の諸州は一三世紀末から領主ハプスブルク家の支配に対する抵抗を始め、一四世紀にスイスとして独立した。

中欧のポーランドとハンガリーはいずれも一三世紀にモンゴル侵入で打撃を受けたが、一四世紀には復興が進んだ。ポーランドは一三七八年にリトアニア大公国と同君連合を組んで強大となり、ドイツ騎士修道会も服属させた。また北欧の三国は一五世紀にカルマル同盟によってデンマーク王の下に同君連合を組み、カトリック圏最大の版図を実現した。

## ●イタリアとイベリアの状況

北、中部イタリアのイタリア王国はドイツ王が王を兼ねていたが、その権威は名目的なものにすぎなかった。一一、一二世紀から多数の都市国家や小領邦が生まれたが、中世末期にはヴェネツィア共和国、ジェノヴァ共和国、フィレンツェ共和国、ミラノ公国、教皇領などに統合された。しかし都市国家同士、あるいは都市国家の内部で教皇党（ゲルフ）、皇帝党（ギベリン）などの党派争いが激しかった。

南イタリアとシチリアのノルマン・シチリア（両シチリア）王国では一二世紀には強大な王権の下でラテン・ギリシア・イスラーム文化の混淆が見られた。この国は一二世紀末にシュタウフェン朝の支配下に入り、さらに一二六八年以降フランスの親王であるアンジュー伯シャルルによって征服された。しかし八二年のシチリアの反乱（「シチリアの夕べの祈り」事件）によって王国はナポリ王国とシチリア王国に分裂し、前者はアンジュー家、後者はアラゴン王の勢力下に入った。その後アラゴン連合王国は一四一二年にシチリアを合併し、一四四二年にはナポリ王国も入手した。

イベリア半島ではレコンキスタのなかでレオン・カスティリア、アラゴン連合王国、ポルトガルなどのキリスト教諸王国が成長した。イスラーム教徒の側では一一世紀のアルモラビデ帝国、一二世紀のアルモアーデ帝国などアフリカ起源の勢力が反撃に努めたが、一二一二年のラス・ナバス・デ・トロサの戦いにおけるキリスト教徒側の大勝利はレコンキスタの帰趨を決定した。一三世紀は征服が加速する。ポルトガル、アラゴン連合王国はそれぞれ一三世紀の半ばごろ割り当てられた地域の征服を完了した。また一三世紀前半に最終的にレオン王国を統合したカスティーリャ王国は、同じころアンダルシアを制圧し、グラナダ王国を除くすべてのイスラーム国家を征服した。一四七九年にカスティリア女王イサベルとアラゴン王フェルナンドの結婚によって、両国は合併してスペイン王国となった。両王は一四九二年に最後まで残ったイスラーム勢力であるナスル朝グラナダ王国を滅ぼして、レコンキスタを終結させた。

## 三　ローマ教皇権の動揺

### ●中世盛期の教皇の権威

皇帝権とは異なり、ローマ教皇権がある種の普遍的な権威を保持していることは、中世盛期において広く認められていた。それは西欧カトリック世界の統合の象徴としての役割を付与されていた。しかも教皇なしでは教会組織全体が存続できない。したがって教会分裂が生じたときには、各国の君主と教会は長期にわたって中立を保持することはできず、いずれかの教皇を選択しなければならなかった。

### ●中世末期の動揺

しかし西ヨーロッパ諸国の集権化が進み、各国で国家のまとまりの意識が強まって来ると、教皇の支配権はさまざまな挑戦を受けるようになった。教皇ボニファティウス八世はフランス王フィリップ四世と争って一三〇三年に一時監禁され（アナーニ事件）、憤死した。この後教皇庁では親フランス派が強くなり、教皇は一三〇九年からアヴィニヨンに滞在するようになる。アヴィニヨン教皇庁はフランス王権と密接に提携しつつ教会の集権化を進めたが、他の国の反発は強まる。

一三七七年、教皇はローマにもどったが、翌年アヴィニヨンにも教皇がたって教会大分裂（大シスマ）が始まった。このころ国家単位の教会自治の主張が高まり、イングランドのウィクリフは聖書主義をかかげて教皇の権威を否定し、世俗権力による教会支配を是認した。ボヘミアのフスはウィクリフの影響を受けて教会改革を主張し、ドイツ人のボヘミア進出に反発するチェコ人の支持を集めた。また各国教会の代表者によるカトリック教会運営（公会議主義）の主張も優勢となった。

一五世紀の初めにひらかれたコンスタンツ公会議は、対立教皇たちを廃して教会を統一する一方で、フスを異端として火刑に処した。この後ボヘミアではフス派が反乱を起こし、ついにボヘミア教会独自の原則を承認させる。教皇権は公会議主義を退け、なおその権威の絶対性を主張していたが、各地の教会が国家や領域の枠組みにしたがって独自性を強める傾向はとどめようがなかった。宗教改革は主にこうした政治的潮流から生まれてくる。

# 10
# 西欧中世文化とイタリア・ルネサンス

## 一　文化史の見取り図をめぐる問題

### ●通俗的ルネサンス観の生成

この章では一五世紀までのカトリック圏の文化について論じる。その中には、いわゆる中世文化と初期のイタリア・ルネサンスが含まれる。ところで、西洋文化史に関する通俗的な論説の中では、「野蛮な」「教会がすべてを支配した」「因習的な」中世と「文化的に洗練された」「人間性が重んじられた」「革新的な」ルネサンスという対比がしばしば持ち出される。しかしこうした対比は、歴史学的な考察に基づくものというよりは神話的なものであり、人間に希望を与える言説として現在の研究水準とは無関係に再生産されているのである。

一四世紀から一六世紀にかけて、イタリアの文筆家、芸術家の中には、自分たちが自然そのもの、あるいはギリシアやローマの文学や芸術をモデルにして、大きな文化的再生を成し遂げつつあるのだという意識があった。また西欧では一六世紀以降、イタリアに学ぶ形で支配階層に対する人文主義教育の伝統が成立し、二〇世紀まで継続した。こうしたことから、一四世紀から一六世紀にかけて、イタリアを起源とし、古典古代をモデルとする文化上の再生ないし変革があり、それが次の時代の精神的基礎となったという見方が早くから出てきた。

この見方は一九世紀の歴史学の中で歴史観として確立する。それによれば、イタリア・ルネサンスは神中心的な中世文化から、個人主義と世俗主義に基づく近代文化への転換に位置するもので、モデルとしての古典古代はこの転換を促進する媒介となった、イタリアは都市の自由と富によって教会の束縛にとらわれない個人主義、世俗主義の土壌が形成されており、また古典古代の文化遺産を継承していたので、ルネサンスに適合的な土壌を提供したということになる。しかしこうしたイタリア・ルネサンス論は、歴史の見取り図としてはいくつかの重大な問題点を含んでいた。

## ●ルネサンスの位置づけに関する問題点

まず「個人主義」、「世俗主義」といった性格付けがいったん定着すると、こうした概念を手掛かりに、中世盛期にルネサンスの源流を探し求める傾向が現れて来る。中世とルネサンスが対比的に捉えられ、しかもルネサンスの評価が圧倒的に高いので、中世盛期のさまざまな文化現象に「個人主義」や「世俗主義」の要素を見いだし、ルネサンスの先駆形態として評価しようとするのである。それは結局、ルネサンス論と対比されるべき中世文化の見取り図が本来の意味では存在していないということを示している。

またこれと並行した現象であるが、中世の文化史の中に複数の「古典古代文化の再生」＝「ルネサンス」を見るという傾向も二〇世紀に現れてくる。「一二世紀ルネサンス」論、「カロリング・ルネサンス」論、さらには「東ゴート・ルネサンス」論などである。端的に言えば、中世文化は「古典古代文化の再生」で埋め尽くされるのである。これについては、それぞれの時期の「古典古代文化の再生」がいったい何を意味していたのかについて、もう少しデリケートな分析が必要であろう。

さらにルネサンスを一般的に近代の序曲と捉えることについても、さまざまな問題点が指摘されている。近現代における教会の文化的影響力の後退という見通しの中で、ルネサンスの世俗主義が強調されたと推定されるが、ルネサンス期の大多数の著作家、芸術家は敬虔なキリスト教信徒として生涯を終えている。異教時代の文学や神々の図像に親しむことは、キリスト教徒としての信条と矛盾するものではなかったといえよう。これとは別に、自然観の分野で言っても、ルネサンス期は近代の始まりではない。この時期は特色ある魔術的世界観がもてはやされたが、これと一七世紀後半から徐々に姿を現してくる科学的自然観の間にはやはり断絶がある。こうしたことから、一七世紀以降の文化とルネサンスの間にも、きちんとした識別が必要であることが指摘されている。

## ●エリート文化と民衆文化

しかし、これらの問題点とは別に、いっそう根元的な問題が横たわっている。それは、これまでの中世文化史やルネサンス文化史が知識人向けの著作や社会上層の受容する芸術を主要な素材にして議論を組み立てており、その意味でエリート文化の歴史であって、民衆文化を十分に視野に入れていないことである。現在では、一五、一六世紀までの西欧の文化史を民衆文化を中心として組み直すと、どのような歴史像が見えてくるのか、中世やルネサンスといった区別はそこでどのような意味を持ちうるのか、という問いかけがなされているのである。もちろん、民衆文化には十分な史料はないので、相当に大胆な仮説に頼らざるを得ないのであるが。

この問題については、ソビエト・ロシアの文学史家であったニコライ・バフチーンの仮説がよく知られている。彼は中世文化に、二面性を見る。ひとつは教会や王侯の公的活動に関する文化で、厳粛さと権威主義によって特徴づけられる。これに対するのが民衆の祝祭文化で、あけすけの冗談、教会権威のパロディ化を含む笑いの伝統によって特徴づけられる。聖職者や貴族の中にもこうした民衆的笑いの文化への共感が一五、一六世紀までは生きていた。一六世紀にはエラスムスやラブレーなどいくらかのルネサンス人文主義者が、民衆の笑いを自分の作品に取り込んだ。しかし全体としてルネサンスにおける古典趣味は、民衆の笑いを粗野で下品なものとして排撃する傾向を強めた。一七世紀の知識人は、もはやラブレーすら理解できなくなる、というのである。

このようなバフチーンの仮説には、その後多くの歴史家が強い関心を示した。何人かの論者が、中世ではエリートの文化と民衆文化が出会う場を持っていたのに対し、近世ではエリートによる民衆文化の抑圧が強まるとし、ルネサンスをこうした意味で転換期と捉えている。こうした見取り図への賛否は別として、ルネサンスの芸術と文学の階級的性格を考えておくことは不可欠であろう。

## 二　中世文化

### ●知的文化

これまでの検討から、ルネサンスを論ずる前に中世文化の見取り図を設定しなければならないことが分かる。最初に中世の知的文化について考察する。八世紀ごろまでは、知的文化は一般的には低迷期であると言われているが、その中でも東ゴート支配下のイタリア、西ゴート支配下の六、七世紀イベリア、八世紀ブリテン島などがその文化的な活気で注目される。そして八世紀末から九世紀にかけては、フランク王国においてカロリング・ルネサンスと呼ばれる文化隆盛が見られた。カール大帝は聖職者が聖書や教父著作を正しく読み、適切にラテン語の文章を書くことを目標として、いくらかの学校を設置し、文法と修辞に重点を置いた教育を行わせた。またイングランドのアルクィンなど学識の高い修道士を招いて、宗教と学術の指導に当たらせた。このような努力は、やがていくらかの注目すべき神学や歴史についての著作を生みだす。

次に、一一世紀ごろまで、学問、著述など知的な活動を担ったのは主に修道院だった。しかし一二世紀ごろには都市の発展に連れて新しい学問のあり方が出現する。いくつかの司教座都市では教師が教場（ラテン語でスコラ）を開き、聴講者を募って哲学、神学、法学などを教えるようになった。これらの教場では、従来の修道院のような瞑想による直感的理解ではなく、もっぱら論理に基づく討論によって著作の内容を分析することに力が注がれた。

そのころイベリア半島のトレドやシチリアでは古代ギリシアやイスラーム世界の多数の学術書がラテン語に翻訳された。これによって、アリストテレス著作の全体、ユークリッド、アルキメデス、プトレマイオス、ヒポクラテス、ガレノスといった学者の著作、また多くのイスラーム学術書が知られるようになった。（一二世紀ルネサンス）。ここから、主にアリストテレスに依りつつ論理分析によって再構成された哲学・神学、すなわち「スコラ学」が生まれ、一三世紀に完成した。

一三世紀に入るころ各都市の学校教師と学生は、他の商工業者と同じように同業組合を作って自らの権利と地位を守ろうとした。教皇はこうした動きに好意的で、自らの権威への従属と引き替えに、教師と学生の組合を他の権力の介入から保護した。パリとボローニャが最も早く、ついで世紀前半にはオックスフォード、モンペリエ、ケンブリッジ、オルレアン、サラマンカなどの諸大学が成立した。大学は学芸学部、法学部、医学部、神学部などの学部に分かれ、その学部はさらに同郷団（ナシオ）に分かれていた。大学は一定の課程を修めた者には学位を与えた。一四、一五世紀になると、王侯のイニシアティヴにより、はるかに多くの大学が作られるようになる。この段階では大学は教会人や医師だけではなく、国家官僚や法律家の養成機関としても機能するようになった。

## ●文学

次に歴史書や聖人文学、詩、物語文学、演劇など広義の文学についていえば、中世前期においては今日まで伝わっている作品の大部分は修道院でラテン語で書かれた。一一、一二世紀になると、ラテン語の歴史や聖人文学と並んで戦士階級を主人公とする俗語文学が重要な位置を占めるようになる。これをリードしたのはフランスで、古い歴史や伝承に取材した武勲詞や長編物語が作られた。ドイツやイギリスでも少し遅れて、フランスでの作品の改作や独自の作品が生み出された。また一二世紀の南フランスでは、トルヴァドールと呼ばれる詩人たちの叙情詩が大発展を遂げるが、その主な主題は、戦士階級の男性による貴婦人への満たされぬ愛である。これらの作品が朗詠されたのは戦士たちが集う王侯の宮廷で、作品の中には戦士階級の生活感情や自己主張が盛り込まれている。

一三世紀以降では聖職者、戦士とならんで都市民が文学作品の受容階層として重要な位置を占めるようになり、戦士階級に関する物語文学の他に、俗語による歴史叙述、演劇、風刺文学、倫理的主題を扱う長編詩などが現れてくる。また宗教劇や喜劇は、中世末期に大発展を遂げ、多くの脚本が遺されている。

ところで、現代まで伝わった文学のテキストの背後には、幾世代にもわたる多数の人びとによって練り上げられた口承文学が控えていることがある。こういう関係が非常にはっきりしているのは、アイスランド、ノルウェーのエッダとサガであるが、武勲詞や長編物語においても同様の関係が見られる。俗語文学のみならず、ラテン語で書かれた歴史や物語集にもこのような背景を読みとることができるものがある。中世においては多くの作品が、多様な文化的背景を持つ聴衆への読み聞かせを前提としていたので、教会文化と世俗文化、支配層の文化と民衆文化の出会いの場となったのである。

**●造形美術と絵画**

造形美術と絵画では、聖堂建築がその集成の場として重要な位置を占める。一一、一二世紀に北イタリア、フランス、ライン流域に拡大したロマネスク様式では、石造りの天井を半円アーチと厚い壁で支えた。壁や柱はさまざまな主題のレリーフで飾られ、また壮大な壁画が描かれた。ゴシック様式は一二世紀のパリ地方で始まり、一三世紀から一般化した。この様式では、高層化を進めながら、さまざまの技術で壁にかかる圧力を減らし、その壁に大きな開口部を設けて、ステンドグラスをはめ込む。入り口の上部の開口部に設けられる円形の「バラ窓」には抽象化された花の文様が、また側壁に設けられる縦長の窓には聖なる物語のシーンが描かれた。それと同時に柱や壁面の彫刻はしだいにレリーフから丸彫りに移行し、流麗な衣装表現と豊かな表情を見せるようになる。

ゴシック時代になると、司教座聖堂は都市を象徴するシンボルとしての地位を獲得し、市民の誇りの対象となった。司教座聖堂の塔の高さや規模

資料10－1　ゴシック聖堂（アミアン司教座聖堂）

の大きさを他の都市と競うという傾向も現れてくる。ステンドグラスの中にも商工業者の同業組合によって寄進され、その主立ったメンバーの顔を写しているものがある。こうしてゴシック聖堂建築には教会の指導の下での各社会層の文化的提携を見ることができる。

しかし一四世紀後半以降は、聖堂とならんで王侯の宮廷が美術のセンターとしての地位を獲得してくる。そしてここで活動した制作者たちは、聖堂に関与した人びととは異なり、個人名で記憶されるようになる。フランスのヴァロワ王家の分家であるブルゴーニュ公の宮廷では彫刻のスリューテル、絵画のランブール兄弟、ファン・エイク兄弟などフランドル派と総称される制作者たちが活動し、一六世紀の北方ルネサンスを準備することになる。一五世紀のフランス王の宮廷では絵画のフーケを挙げることができる。

## 三　初期イタリア・ルネサンス

### ●思想と文学

初期イタリア・ルネサンスについては、さまざまの分野の人物とその作品を説明する紙幅のゆとりはないが、文化史の見取り図に関わっていくつか重要な論点を挙げて置く。

この時期の思想と文学に関していえば、まずイタリアの富裕者および知識人のエトノス（エトニ）としての自覚を考慮する必要がある。一三世紀は文化的にいえばフランスの世紀であった。イタリアは政治的には分裂しており、しばしばドイツ帝権の介入を受けた。しかしイタリアの上層都市民は経済的に豊かで知見も広く、強い自意識の持ち主だった。彼らにはフランス、ドイツに対抗して自分たちの文化的独自性を打ち出したいという思いがあり、その時にローマ帝国という過去は重要なシンボルとなったのである。

　これまでの説明ですでに明らかであるように、ギリシア、ローマの古典が知られるようになったからイタリア・ルネサンスが起こったというのは誤った説明である。古典の大部分は一三世紀までに知られていた。文学作品も修道院の中に写本として伝えられていた。問題は古典のうちに何を求めるかである。一四、一五世紀のイタリアでは、知識人は古典に対しスコラ学のような論理学的言説分析に努めることより、感性とその文章表現を見ることに努めた。それらを自分たちローマ人＝イタリア人の文学的伝統として称揚したのである。

資料10－2　初期ルネサンス建築（フィレンツェの司教座聖堂）

　一部の文学における性的な要素を含んだ笑いはルネサンス的なものと見なされ、しばしば中世文化と対立的に捉えられてきた。ここに性的表現に対する相対的な規制のゆるみを認めることはできるが、文学者が創造した新しい要素というよりは、バフチーンが主張しているように、中世以来の民衆の笑いの文化をルネサンス期の一部の文学が取り込んだと見るべきであろう。

## ●美術

美術について言えば、まずイタリアではゴシック建築様式が未発達であり、その分新しいルネサンス建築様式への移行が容易だった。ここでは古代建築の測量、研究が大きな意味を持った。

また絵画における線遠近法、絵画、彫刻における人体プロポーションの重視といった様式の革新性は明らかである。これらの技法は、ルネサンス期に中世に比べて外観の本物らしさへの執着が強まったことを示している。人体の解剖学的研究と絵画、彫刻の結びつきもこれを物語る。こうした美意識は一九世紀まで西欧美術を支配することになる。しかしここから「自然と人間の発見」のような標語に安易に進むことはできない。すべての時代にそれぞれの「自然と人間の発見」があり、外観の本物らしさが常に志向されるとは限らないからである。なお古典古代の影響で絵画・彫刻において裸体表現が拡大したことも新しい点である。

ルネサンスの美術は必ずしも異教的あるいは世俗的ではない。大多数の絵画は中世と同じく、聖書あるいは聖人に関する主題を扱っていた。ギリシア・ローマの神話を扱った造形芸術作品も確かに出現したが、それらはいかなる意味でも、制作者や所蔵者の信仰を現してはいない。それらは古典についての教養の象徴であり、さらにはアレゴリーとして様々な隠された意味を担っていた。

ルネサンスの芸術活動において中世盛期のそれとかなり異なる点があるとすれば、それは作品と制作者の名前とが人びとの意識の中で強く結びつき、制作者が芸術家という地位を築き始めたことである。教会や都市国家、権力者、富裕者からの作品発注、あるいは権力者の庇護（パトロネージ）を求めて競合しなければならない独立自営の制作者が増えてきたことに、この原因を求めることができる。しかしこれは、中世末期の宮廷美術以来の傾向でもあった。

## ●ルネサンス文化の階級性

最後に、ルネサンス文学、美術の社会的限定性を忘れるわけには行かない。イタリアに生きた民衆の大部分は、こうした新しい文化について理解することはなかった。またシエナの聖ベルナルディーノ、サヴォナローラたちのように、この文化に厳しい眼差しを向ける人びともいた。都市空間全体についていえば、ルネサンス文化は大きな位置を占めることはなかった。結局、新しい文化はまず都市を支配する富裕者の生活空間、後には君主の宮廷に収斂して行った。また一六世紀になると西欧の支配層がルネサンス文化の導入に情熱を傾けるようになる。その意味ではイタリア・ルネサンスは、一般的な意味で近代を切り開いたというよりは、近世西欧の支配層の文化の基礎を形成したというべきであろう。

# 11 ビザンツ帝国の衰亡と正教世界の分断



## 一　ビザンツ帝国の衰亡

### ●ビザンツ社会の変容

一一世紀初頭、ビザンツ帝国は六世紀のユスティニアヌス帝以来最大の領土と勢力を誇るに至った。しかしこの後、帝国は混迷の時代を迎える。そしてビザンツ社会に、七世紀と並ぶ大きな転換期が到来することになる。

帝国の内部での変化はすでに一〇世紀頃から始まっていた。それまで国家の財政的基盤をなし、かつ軍隊の主力テマ軍を支えていた農民層に階層分化が始まっていたのである。ビザンツ帝国におけるかつての大土地所有は、七世紀に外敵の侵入が続く中で一度は解体したと見られ、八・九世紀には中小の土地所有農民からなる村落共同体によって、国家の財政や防衛が担われていた。しかし、明らかに一〇世紀に入ると没落する農民と彼らから土地を獲得する人々の存在が目立つようになる。

史料では、没落した農民の土地を手にしたのは「有力者」（ギリシア語で「デュナトイ」）と呼ばれている。これに対して、国家の側も手をこまねいていたわけではなく、一〇世紀には土地所有に関する新法、いわゆる「土地立法」が何度か発令された。けれども、新法が何度も発布されたという事実は、逆に言えば、これらの法律が余り大きな効果を上げられなかったことを予想させる。

「土地立法」のひとつは、「有力者」とは国家の官職や爵位の保有者、そして教会・修道院の上層部に属する人々であるとしている。要するに、法律の内容を実施すべき人々が他ならぬ「有力者」であり、また取り締まりの対象でもあったのである。

このようにして、一〇~一一世紀にかけて、中央集権的な専制国家としてのビザンツ帝国の経済的・財政的基礎が崩壊していくことになった。一一世紀には、もはや「有力者」の土地取得を規制するような法律は発布されなくなる。

さらに、「有力者」の出現と平行して、「苗字」の登場という新たな現象が見られた。ギリシア人たちは古代より苗字を持つことはなく、個人は名前と父親の名前だけで呼ばれていた。このような伝統はビザンツ時代に入ってもすぐには変わらなかったが、八世紀頃からあだ名のようなものが名前の後に付くケースが見られ始める。九世紀には、明らかに苗字であるような表現がしばしば登場するようになり、一〇世紀に入ると苗字が付く場合がますます多くなる。そして、一一世紀には皇帝たちも含め、史料に登場する人物の大半が苗字を持つようになるのである。

苗字を世襲するようになった「有力者」たちは、この時期には広大な土地を持ち、同時に国家の官位をあわせ持って、事実上、貴族化していくことになる。一一世紀とは、ビザンツ帝国が急速に貴族社会へと変化していく時代であった。

## ●一一世紀後半の危機

以上のような社会の変化は政治面でも明白に表われる。一一世紀になると、中央政府の政策に反発する貴族たちの反乱が続発した。結果として、世紀後半には政権はめまぐるしく入れ替わる。また、征服地であるブルガリアにおいては、財政難から政府が従来の物納であった税を金納化したため、これに反発する反乱が発生していた。

一方、経済面では商品経済がコンスタンティノープルを中心として大幅な発展を見せていた。首都にあふれる富を求めて、イタリア商人そして外国人傭兵が多く訪れるようになった。けれども、これとは裏腹に帝国政府の財政は危機的な状態にあった。一一世紀後半には、これまで帝国の軍事と財政を支える基本であったテマ制がほぼ解体しており、財政難にあえぐ政府は、基本通貨であるノミスマの金の含有量をのきなみ切り下げ、悪鋳を繰り返す一方、国家の爵位を大々的に売り出すなど、なりふり構わぬ政策に出た。しかし、最終的に待っていたものは国家破産であった。

さらに、対外的な危機が到来しつつあった。帝国の東側では、イスラーム世界に新たに登場したセルジューク朝のトルコ人勢力が帝国の国境をたびたび脅かすようになっていた。また、西側の地中海地方では、北フランス出身のノルマン系戦士たちが南イタリアやシチリア島に勢力を拡大させつつあった。

一〇七一年、皇帝ロマノス四世（在位一〇六七～七一年）は大軍を率い、セルジューク朝との決戦にのぞんだが、小アジア東方マンツィケルトでの決戦では、ビザンツ軍は大敗北を喫し、皇帝自身も捕虜となった。勢いに乗るトルコ人たちは、その後小アジア半島の大半を占領下に置くことになる。他方、南イタリアを席巻していたノルマン人たちは、同じ一〇七一年にビザンツ側のイタリア最後の拠点バリの攻略に成功した。意気あがるノルマン人たちは、続いてバルカン半島の帝国領に進撃する構えを見せていた。

## ●コムネノス朝の時代

この内外での混乱に終止符を打ち、帝国を再建させたのがアレクシオス一世コムネノス帝（在位一〇八一～一一一八年）である。彼はこれまでの門閥貴族相互の対立を回避するため、各地の有力貴族家門との婚姻関係を数多く結んだ。この結果、「コムネノス一門」とでも呼ぶべき貴族の連合体が結成される。アレクシオス一世は貴族による連合政権をうち立てることに成功し、ビザンツ帝国は従来の中央集権的な官僚制国家から、皇帝との血縁や姻戚関係などに基づく家産的な国家に変貌したのである。

兵士の徴募については、従来のテマ制にかわりプロノイア制が導入された。プロノイアとは、土地の貸与に対して一定の従軍義務を課すものであった。こうして、外敵に対してアレクシオス一世は貴族連合軍を率いて対抗する一方、西方から到来した十字軍を巧みに利用して小アジアの領土回復を図った。ビザンツ帝国はコムネノス朝下で再び繁栄を取り戻したのである。

ただし、コムネノス朝の繁栄はアレクシオス一世、その息子のヨハネス二世（在位一一一八～四三年）、さらに孫のマヌエル一世（在位一一四三～八〇年）と英明な君主が続いたことに大きく依存していた。というのも、家産的国家を支える家父長的な君主には、国内での貴族勢力を「コムネノス一門」へととりまとめると同時に、帝国の周囲を取り巻く諸外国・諸勢力を巧みに操つる外交的な手腕という個人的にみてかなり非凡な力量が常に求められていたからである。

実際、一一八〇年に三代目のマヌエル一世が没すると、コムネノス一門内に不和が生じ、支配体制は大きく揺らぎ始めた。外国の諸勢力も次々と帝国の内政に干渉を始める。帝国の中央ではクーデタ騒ぎや民衆による騒擾が続く一方、地方では有力な在地貴族による帝国からの分離運動が目立つようになった。こうして、コムネノス王朝が築いてきた国家体制は一気に崩壊へと向かい始めた。一二〇四年の第四回十字軍によるコンスタンティノープル占領もまた、以上のような貴族家門内の権力闘争と対外政策での失態が招いた事態に他ならなかった。ここに、ビザンツ帝国はいったん滅亡し、中期ビザンツ時代は終了することになる。

## 二　正教世界の分断

### ●ロシアの情勢

一〇世紀末にキリスト教を受容したキエフ大公が広大なロシアの地域をまとめ上げることができた背景には、北欧地域とのつながりを維持しつつ、さらに南のビザンツ帝国やイスラーム地域との交易を独占していたことがあった。とりわけ、ドニエプル川と黒海を経由してビザンツ帝国の首都コンスタンティノープルにいたる交易路は重要であった。キエフ大公国はウラジーミルの後、一一世紀前半に国家の再統一を果たしたヤロスラフ公のもとで繁栄を続けた。一〇五一年には、これまでビザンツから派遣されてきていたルーシ教会のトップ、キエフ府主教もルーシ人の中から選ばれている。

しかし、ヤロスラフの死後、情勢は大きく変わっていく。それは、ドニエプル川下流域に遊牧民であるクマン人が出現したため、ビザンツとの自由な往来が妨げられるようになったからである。こうして、キエフ大公の権力は急速に衰退することになり、かわってルーシ各地の地域権力が成長してきた。

一二世紀に入ると、分領制と呼ばれる封建的な地方分権体制が生まれ、ビザンツ帝国との結びつきもさらに弱まることになった。続く一三世紀には、東方からモンゴル人が到来する。分裂傾向にあったルーシ諸公国はモンゴル軍の勢力に対抗できず、その後成立したキプチャク＝ハン国の支配を受けることになった。いわゆる「タタールのくびき」の始まりである。ただし、モンゴル人による支配は、間接的なもので、諸公国は一応存続を許された。けれども、諸公は自分たちの地位についてモンゴル人のもとに赴いて逐一承認してもらわねばならず、その上重い租税を課せられることになった。こうして、もう一つの正教世界、ロシアも長い苦難の時代を迎えることになった。

## ●後期ビザンツ帝国

第四回十字軍に参加した西ヨーロッパの諸侯たちは、コンスタンティノープルを首都としてラテン帝国を建てたが、その勢力基盤は弱体で、かつてのビザンツ帝国に代わる存在とはなれなかった。一方、ビザンツ帝国の勢力は完全に消えたわけではなく、旧領土の各地に亡命政権が樹立された。中でも、首都に一番近い位置にあり、次第に勢力を挽回していったのが、ニケーアに拠点を置いた国家、ニケーア帝国である。

一二六一年、ニケーア帝国のミカエル八世パライオロゴス（在位一二五九〜八二年）によってコンスタンティノープルは奪還され、ビザンツ帝国は復活する。しかし、時代区分で後期に含まれるパライオロゴス朝の歴史とは、政治的には文字通り衰退の一途であった。後期ビザンツとは、東地中海世界に政治的な中心が欠落し、様々な勢力が入り乱れる時代であった。とりわけ、ビザンツ帝国からキリスト教を受け入れたブルガリアとセルビアの動向が注目に値する（資料9―1の地図　九五頁を参照）。

まず、一三世紀に勢力を拡大させたのが、長らくビザンツ帝国の支配下にあったブルガリアである。ブルガリアでは、一一八五年の反乱を契機にビザンツからの独立が達成され、第二次ブルガリア王国（一一八七～一三九三年）が成立した。第三代の君主カロヤン（在位一一九七～一二〇七年）は、第四回十字軍によるコンスタンティノープル占領の翌年、ラテン帝国の騎士に勝利したのをきっかけに、バルカン半島における旧ビザンツ領の大半を獲得することに成功し、「ブルガリア人とギリシア人の皇帝」を自称した。その後イヴァン・アッセン二世（在位一二一八～四一年）の治世に、ブルガリアは最盛期を迎えた。

一四世紀に入ると、バルカン半島の覇権はブルガリアからセルビアへと移っていった。セルビアがビザンツの宗主権から離脱したのも、ブルガリアと同じ一二世紀後半のことで、ステファン・ネマニャ（在位一一六八～九六年）によって達成された。そしてネマニャ王朝（一一七一～一三七一年）セルビアの全盛期は、ステファン・ドゥシャン（在位一三三一～五五年）の治世に訪れた。彼はバルカン半島の西半分を領有することに成功し、「セルビア人とギリシア人の皇帝」として戴冠されることになった。ステファン・ドゥシャンは、さらにコンスタンティノープルの征服を目指したと言われているが、この計画は彼の急死によって実施されずに終わった。

しかし、一四世紀後半になると、セルビア勢力の巨大化を恐れたビザンツ帝国が、小アジアの新興勢力であるオスマン帝国に援助を求めたことをきっかけに、トルコ人がバルカン半島へと力を伸ばすことになった。そして、一三八九年、コソヴォの戦いでセルビアを中心とするバルカン諸国はオスマン帝国軍に壊滅的な敗北を喫し、ここにバルカン半島におけるオスマン帝国の優位が決定的なものとなる。

一四世紀末になるとオスマン帝国の勢力はビザンツ帝国を圧倒し、ビザンツの政権争いにスルタンが介入する事態すら生じた。結果として、皇帝はスルタンに臣下の礼をとり、スルタン遠征時にはこれに従軍する義務を負う事態さえ生じている。

一三九六年、ハンガリー王を中心とする対オスマン帝国の十字軍がニコポリスで決定的な敗北を喫してからは、ビザンツ帝国は完全に孤立無援の状態となった。皇帝自身による西方ヨーロッパへ救援要請の旅も、無駄骨となった。一四〇二年のアンカラの戦いでは、ティムールの軍勢に撃破されてオスマン帝国は解体したかに見えたが、十年後にはほぼ元の勢力を取り戻し、ビザンツにとっては単なる延命になっただけであった。

そして、メフメト二世（在位一四五一～八一年）によってコンスタンティノープルの攻略が着手された。ビザンツ側が最後の頼りとしたこの町の城壁に対しては、メフメト二世は当時開発されたばかりの新兵器である大砲を用意した。一四五三年、十万を越えるオスマン軍による攻撃を受けて、難攻不落を誇った町コンスタンティノープルは陥落した。ここに、ビザンツ帝国は滅亡し、コンスタンティノープルはイスタンブールと改名され、新たにオスマン帝国の首都となった。

メフメト二世の時代にはオスマン帝国の支配領域はバルカンおよび小アジア半島全体を占めるに至った。つまり、正教会に属するこの地域のキリスト教徒はすべてイスラーム国家であるオスマン帝国の支配下に入ったことになる。征服された正教の諸民族にとって幸いであったのは、オスマン帝国がキリスト教徒を経典の民としてその信仰を尊重し、貢納と引き替えに自治を許したことである。正教徒の中心としてのコンスタンティノープルの総主教の地位も保たれることになった。結果として、オスマン帝国の支配の下ではあるが、正教徒たちは独自の文化をその後も維持することができた。

## ●ロシアの勢力拡大

ビザンツ帝国が滅んだ一五世紀中頃、北方のロシアでは、モスクワ大公国が勢力を拡大しつつあった。一四六二年に即位したイヴァン三世（在位一四六二～一五〇五年）はロシア全体の統一を達成すると同時に、キプチャク汗国の支配を受け継ぐイスラーム教徒、タタール人の支配からの脱却をも最終的に果たした。ロシアの正教会を代表する府主教座も、すでにモスクワにその場所を移していたが、ビザンツの滅亡の頃には、コンスタンティノープルの総主教座からの完全な独立を果たしていた。イヴァン三世は、ビザンツ帝国最後の皇帝コンスタンティノス一一世の姪を妃に迎えて、ロシアでは初めてツァーリを自称する。ツァーリとは、ロシア語でビザンツ皇帝を指す言葉でもあった。その後、ロシア正教会の中ではモスクワをコンスタンティノープルに継ぐ「第三のローマ」であるとの主張がなされている。実際、ロシアは正教世界で唯一独立を維持し、その立場を強化していくことになるのである。

最後に、一七〇〇年頃の情勢について概観しておく。ピョートル一世（在位一六八二～一七二五年）は、ロシアの領域を東ではシベリア全土に拡大させる一方、徹底したヨーロッパ化を目指した。西欧諸国への使節団に自ら参加した彼は、新都ペテルブルクの建設に着手しつつ、バルチック艦隊を創設してバルト海への進出を果たす。ここにロシアはヨーロッパの一員として本格的に活動を始めることになった。

同じ頃、オスマン帝国ではその国力に翳りが見え始めていた。一六八三年に再度実施されたウィーン攻撃は失敗に終わり、一六九九年に締結されたカルロビッツ条約では、帝国はハンガリーとトランシルバニアを放棄するなど、形勢はほぼ完全に逆転をする。ただし、オスマン帝国内の正教徒たちが独立を勝ち取るには、さらに一世紀以上の時が必要であった。

# 12 ヨーロッパの宗教改革と宗派体制

## 一　宗教改革運動の始まり

### ●中世末の危機

一四世紀後半から一五世紀後半にかけての約百年間は、中世から近世への転換点にあたっている。この時期には、ヨーロッパ各地で戦乱、凶作、伝染病の流行などによる経済危機や人口危機があり、これまで支配的であった領主制が弛緩し、カトリックの教会体制にも陰りがみられるなど、中世的秩序の全般にわたって綻びが生じた。人口が増加に転じ、経済に復興の兆しがみえるようになるのは、ようやく一五世紀後半のことである（資料12―1・2参照）。イタリアを中心としたルネサンス文芸の開花、ポルトガル・スペインによる「大航海時代」の幕開けは、ヨーロッパが世界に向かって飛躍する明るい未来を告げるものだった。しかし、そのような兆候を打ち砕くような出来事が発生した。宗教改革の嵐で

（単位100万人）

| 国・地域＼年代 | 1500 | 1600 | 1700 | 1800 |
|---|---|---|---|---|
| フランス | 15 | 18.5 | 22 | 29 |
| イギリス | 5 | 6.25 | 9.25 | 16 |
| イベリア半島 | 7.75 | 9 | 10 | 14 |
| イタリア | 10 | 12 | 13 | 19 |
| ドイツ | 9 | 12 | 13 | 18 |
| ロシア | 12 | 15 | 20 | 36 |

（出典）J.P.Bardet et J.Dupâquier, *Histoire des populations de l' Europe* t-1, Paris, 1997, p.251.

**資料12－1　近世ヨーロッパ諸国の人口の推移**

ある。宗教改革とは何だったのだろうか。

中世以来、カトリックの腐敗を批判し、原初的なキリスト教に回帰しようとする運動は存続していた。ヴァルドー派やフス派の運動であり、ウィクリフとロラード派の神秘主義思想である。これらは異端として断罪された。一六世紀の宗教改革がこうした運動と異なるのは、より根本的に真の信仰を問いかけ、神と人とのあいだに介在する教会制度に疑問を投げかけたことであった。宗教改革は既成の秩序を根底から揺さぶり、政治的にも社会的にもヨーロッパの再編成を促したのである。

## ●ルターの宗教改革

宗教改革はドイツのザクセン地方で始まった。ローマ教皇庁がサン＝ピエトロ大聖堂を建築する資金を捻出するために贖宥状を乱発したことに抗議して、一五一七年一〇月末、ヴィッテンベルク大学教授ルターが「九五カ条の論題」を発表し、教会当局を痛烈に批判した。その後、『キリスト者の自由』（一五二一年）などの著作活動や教会との論争の過程で、ルターは信仰の原点が聖書のみにあると主張し、教会や聖職者の媒介を否定するに至った。「神による義認」や「万人祭司主義」の提起である（資料12―3参照）。

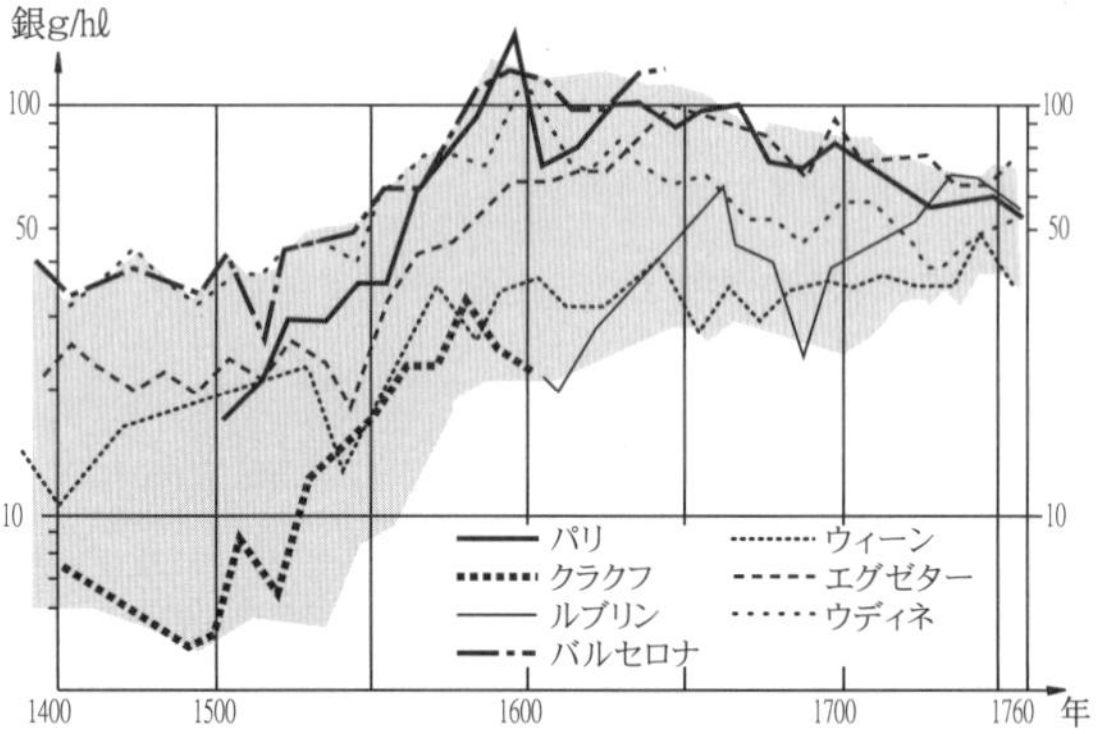


（出典）　E.E.Rich & C.H.Wilson, *The Cambridge Economic History of Europe,* t-4, Cambridge, 1967, pp. 470–471.

**資料12－2　近世ヨーロッパの小麦価格の変動**

教皇庁はルターの破門を宣し、神聖ローマ（ドイツ）帝国の皇帝カール五世は武力介入を示唆したが、ルターに幸いしたのは、ザクセン公などの領邦君主やニュルンベルクなどの帝国都市の支援がえられたことである。後述するように、ルターの改革は世俗権力の思惑と合致し、一五二〇年代末までにドイツ各地に広がっていった。ドイツと隣接するデンマークやスウェーデンも、一五三〇年代にルター派を受け入れている。このあと、双方の対立はシュマルカルデン戦争（一五四六～四七年）という武力闘争へと引き継がれるが、ついに、一五五五年のアウクスブルクの宗教和議により、「統治する者の領域、統治する者の宗教（cujus regio ejus religio)」という原則が確立された。この和平で、ドイツではカトリック以外の宗派が公認されたのである。

| | カトリック | ルター派 | カルヴァン派 | イギリス国教会 |
|---|---|---|---|---|
| 信仰の基礎 | 伝統により解釈される聖書 | 聖書のみ | 聖書のみ | 聖書のみ |
| 救済の確認 | 功徳と瞑想 | 救済の予定<br>信仰のみ | 救済の二重予定<br>信仰のみ | 救済の予定<br>信仰のみ |
| 秘　蹟 | 7秘蹟 | 2秘蹟 | 2秘蹟 | 2秘蹟 |
| 聖　体 | 実体存在<br>実体変化 | 実体存在<br>両体共存 | 霊的存在 | 霊的存在 |
| 祭　司 | 祭司の位階制<br>聖職者と俗人区別 | 万人祭司 | 万人祭司 | 祭司の位階制<br>聖職者の保持 |
| 聖　像 | キリスト、聖母、聖人崇拝 | 聖像崇拝の否定<br>像の存在は容認 | 聖像崇拝の否定 | 聖像崇拝の否定<br>像の存在は容認 |

（出典）　H.Daussy, P.Gilli et M.Nassiet, *La Renaissance,* Paris, 2003, p.242.

**資料12－3　キリスト教諸派の教義と信仰**

### ●カルヴァンの宗教改革

ルターの改革が伝えられる頃、スイスのチューリヒでは、ツヴィングリが宗教改革をおこなった。また、フランスでは、モー司教のブリソネのもとで福音主義に基づく改革運動が進められた。ルネサンス文芸の保護者を自任する国王フランソワ一世は、この運動にある程度の理解を示したが、一五三四年の檄文事件をきっかけに態度を一変させ、改革派を弾圧した。迫害を逃れてスイスのバーゼルに避難したカルヴァンは、一五三六年に『キリスト教綱要』を著し、やがてジュネーヴに招かれ、宗教改革を推進した。この改革は独裁的な神権政治に陥り、いくつかの悲劇をもたらした。評判は芳しくない。

カルヴァンの理論は、ルターの解釈を基本的にふまえたものだったが、人の救済は神によって定められているとする「予定説」を唱え、信仰のより徹底した内面化を求めた。パンとブドウ酒による聖餐の秘蹟については、ツヴィングリの「記念説」よりも厳格で、神との精神的な一体化を論じた。その後、カルヴァン派は、ベーズ（スイスとフランス）、マルニクス（ネーデルラント）、ノックス（スコットランド）などの指導でヨーロッパ各地に普及した。フランスでは、一五五九年にカルヴァン派の「全国教会会議」が開かれ、改革運動が公然化した。信徒は約二〇〇万人を数えるまでに成長している。

## 二　宗教改革運動の広がり

### ●ネーデルラントの宗教改革

ネーデルラントでは、ルター派は一五二〇年代、カルヴァン派は一五四〇年代に入っている。この地域を領有するスペインのハプスブルク王家は、カトリックの信仰が厚く、経済的に豊かなネーデルラントを支配するためにも、改革派に容赦のない弾圧を加えた。しかし、一五六〇年代になると、都市部に着実に浸透していた改革派（主にカルヴァン派）は、当地の有力者であるオラニエ公ウィレムを盟主に仰ぎ、スペインの専制支配に対して反乱をおこした。オランダ独立戦争の始まりである。ウィレムから私掠船の許可を与えられた海港都市の船乗りたちは、スペインからネーデルラントに向かう船舶を襲い、「ゼーゴイセン」（海乞食）と恐れられた。

ネーデルラントでは、オランダ戦争が終わる一六四〇年代まで宗教をめぐる混乱が続いた。北部七州がユトレヒト同盟を結んで改革派を支持し、一五八一年に「オランダ共和国」を宣言したが、スペインによる巧妙な分断策のため、南部一〇州はカトリックにとどまった。この間、南部の約二〇万人の改革派の人々が北部に追われた。このような宗教対立の経験から、オランダでは寛容の精神が育まれ、信教の自由が認められたので、ヨーロッパ各地から迫害を逃れた人々が集まり、自由の国のイメージが定着した。

### ●イギリスの宗教改革

イギリスの宗教改革は、より露骨に政治絡みで展開した。国王ヘンリ八世は、王妃キャサリンとの離婚問題で教皇庁と対立していたので、大陸でおこった宗教改革をめぐる混乱に乗じて離婚を強行し、一五三四年に「首長法」を発して、イギリス教会の自立、宗教面における国王至上権の確立をはかった。その方針にそって、一五三六年以降、ヘンリ八世は修道院解散に踏みきり、莫大な教会財産を手に入れた。教義や祭礼の問題は後まわしにされ、カトリックと改革派の折衷様式がとられた。

ヘンリ八世のあと、エドワード六世は改革派に傾斜し、次のメアリ一世はカトリックへの復帰をめざして改革派を弾圧した。この点で、エリザベス一世は、一五五九年に「統一法」を発し、一五六一年に一般祈祷書を復活させて、イギリス国教会（アングリカニズム）の基盤を整えた。教義面では、概してカルヴァン派の理論が採用されたが、教会制度は「主教制」として温存され、儀礼や礼拝もカトリックと類似点が多い。エリザベス一世が進めた宗派体制は、国民的合意を意識した「中道的」な解決策にほかならない。

## 三　カトリックの改革運動

### ●トリエント公会議

宗教改革の波に直面し、カトリック側は座視していたわけではなかった。教義の再生と信仰の刷新を求めるカトリックの運動は、「反宗教改革」「対抗宗教改革」「カトリック改革」などと呼ばれている。その手始めに、教皇庁は一五四二年に異端審問所を設置し、一五五九年に禁書目録を作成して、異端の取

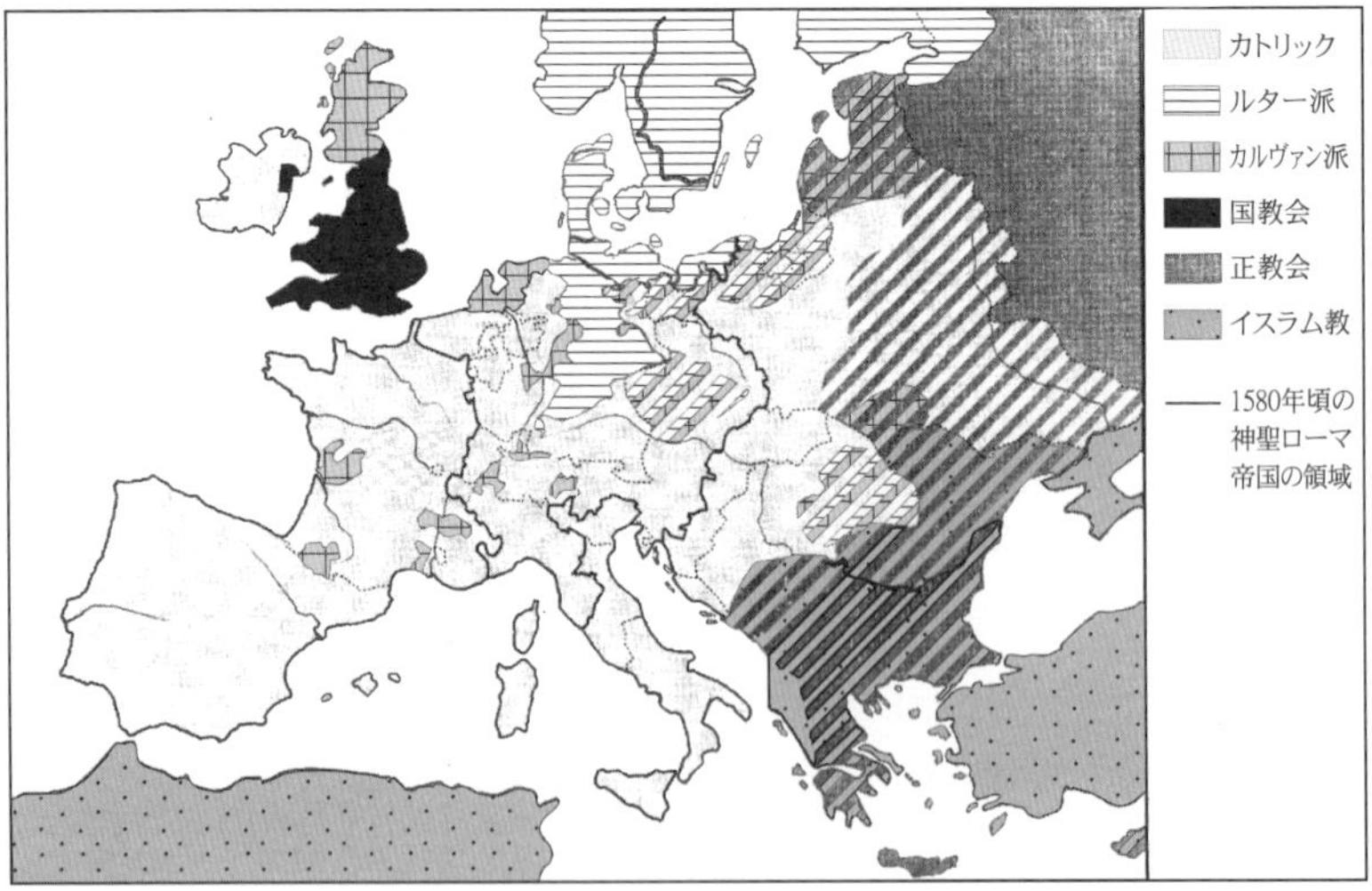


資料12－4　カトリックと改革諸派の宗教分布

締りを強化した。それと平行して、一五三四年スペイン人のロヨラは同志をパリに集め、ローマ教皇の尖兵となって世界の果てまでの布教活動を誓い、イエズス会を結成した。かれの同志ザビエルは、はるか中国や日本にまでやってきた。

次いで、カトリックは、信仰や教会の統一をはかるため、一五四五～六三年の間、北イタリアのトリエントで公会議を開催した。その結果、「ウルガタ」というラテン語の聖書が確定したのをはじめ、伝統的な秘蹟や儀式の意味が再確認された。聖体の儀式は、まさにキリストの血肉が宿る「実体変化」説として支持された。また、教会制度は神と人とを媒介し、人々を正しい信仰へと導く機関と積極的に位置づけられ、信心活動を通じて聖職者と信者との強い絆が求められた。知的で清貧で信者の模範となる聖職者を養成するため、神学校の設立も提唱された。なお、カトリックと改革諸派の教義面に関する相違点を、資料12―3で確認していただきたい。

## ●反宗教改革の展開

一六世紀後半以降、カトリックと改革派は各地で激しい争奪戦を繰り広げた（両派の宗教分布を示す資料12―4を参照）。双方の公開討論も頻繁におこなわれたが、決め手となったのは、「統治する者の領域、統治する者の宗教」の原則をふまえて、国王や領邦君主に直接訴えかけ、自派に取りこむことであった。しかし、それに成功しない場合は暴力に訴えることもしばしばで、暴動や戦乱を誘発した。フランスの宗教戦争（一五六二～九八年）をはじめ、オランダの独立戦争（一五六八～一六四八年）、ドイツの三十年戦争（一六一八～四八年）、イギリスのピューリタン革命（一六四二～四九年）は、いずれも宗教戦争の様相を強く帯びている。

一六世紀後半から一七世紀前半にかけては、むしろカトリックの巻返しが顕著である。フランスでは、最終的に宗教戦争を制したのは、「ポリティク派」と呼ばれる穏健派のカトリックであった。カトリックに改宗したアンリ四世が「パリはミサに値する」と言ったのは、有名なエピソードである。イタリアでは、スペインの支援のもとに、教皇を支持する勢力が改革派をスイスやドイツ方面に追放した。ドイツでは、バイエルン公がカトリックを受け入れたため皇帝側の勢いが増し、ハプスブルク家による「皇帝絶対主義」が懸念されるようになった。さらに、改革派の多かったポーランドがカトリックに転じたことは、バルト海を取り巻く世界に大きな衝撃を与えた。一五九二年、カトリックを信奉するポーランド国王ジグムント三世がスウェーデン国王を兼任したため、北ヨーロッパのカトリック化を恐れた諸国は反発を強め、スウェーデンとポーランドの対立を軸に長期間にわたって戦乱がおきた。

## 四　宗派体制の確立

### ●改革派の宗派体制

宗教改革が大きな成果をあげたのは、どのような理由によるのだろうか。よく指摘されるのは、教会の腐敗や堕落によって民心がカトリックから離反していたこと、古代ギリシア・ローマの文化（古典文化）を崇敬する人文主義の影響である。ルターやカルヴァンの福音主義は、聖書の正しい理解をめざす知的な人文主義の系譜に連なるものであった。かれらは人々の日常的な信心活動の強化につとめ、人々が読める俗語訳の聖書を出版した。聖書の翻訳では、ルターのドイツ語訳、ルフェーヴル・デタープルのフランス語訳、イギリス国王ジェームズ一世自らの英語訳（欽定訳聖書）が有名である。

しかし、宗教改革を取り巻く政治的・社会的な環境はより重要な役割をはたした。改革運動の震源地となったドイツは多くの地域からなる連合体で、皇帝の威令は隅々まで貫徹しなかった。逆に、皇帝や教皇の支配から独立しようとする領邦君主や帝国都市は、自らの判断で宗教改革を受け入れることが可能であり、カトリックに代わる精神的な支柱を改革派の教説に求めた。一五二七年、宗教政策の決断をためらっていたデンマーク国王フレデリック一世は、オデンゼの議会で、「私は公会議が決定を下すまで、カトリックにもルター派にも寛大である」と発言した。国王にとって、宗派自体はさしたる問題ではなかったのである。バルト海東岸でユニークな存在であったドイツ騎士団は、一五二五年ブランデンブルク公によって瞬く間に解体された。

そうした世俗権力側の要望は、宗教改革の当事者にも共通する課題であった。改革の当初、「見えざる教会」にこだわったルターも、一五二四～二五年のドイツ農民戦争に衝撃を受け、反乱に参加した農民を「狂犬」と断罪し、世俗の秩序を重んじ人々の信仰を手助けするという意味での教会の存在を容認した。ルターの支持のもとに、メランヒトンは教会が教区民を管理するために教会巡察制を導入し、領邦君主の支配機構として「領邦教会制」をつくりあげた。

政治と宗教を峻別していたカルヴァンも、人々の自発的な信仰結社である「長老会＝教会」を重視する立場から、教会による教区民の把握をめざすようになった。こうして、改革派に与したイギリスでは国教会、オランダとスコットランドではカルヴァン派、スカンディナヴィア諸国ではルター派による宗派体制が築かれた。

### ●カトリックの宗派体制

カトリックにとどまった地域でも、事情はほぼ同じである。フランスでは、すでに一五世紀前半に教皇庁から相対的に自立し、国王を国内の教会の首長とみなすガリカニスム（フランス教会自立主義）が形を整えていた。一五一六年、フランソワ一世はローマ教皇レオ一〇世とイタリアのボローニャで「宗教協約」を結び、高位聖職者の任免権を手中におさめた。その後、宗教戦争の混乱を収拾したアンリ四世のもとで、カトリックは国民的宗教として復興した。

一五九八年、アンリ四世はプロテスタントの信仰を容認したナント王令を布告し、宗教問題に対する寛容の精神を示した。一七世紀には、カトリック改革が教区のレヴェルまで浸透し、教会と人々との密接な関係のうえに、「ひとつの信仰、ひとつの法律、ひとりの国王」という格言が現実味を増した。

ドイツでも、改革派が開始した教会巡察制は、カトリックにとどまった地域でも順次実施され、宗派の違いを超えた共通性が見出される。教会制度を採用する点では、カトリックと改革派（ルター派、カルヴァン派）は同根であり、ともに世俗権力の期待に積極的に応えたのであった。教会制度を否認し、原初的なキリスト教に戻ろうとした再洗礼派など「セクト」諸派は、徹底的に抑圧された。

なお、カトリックと改革派の勢力地図をみると、宗教改革が概してアルプス以北で支持を集めたのは意味深長で、ヨーロッパの南北の対照性がはっきりと現れている。そこからは、伝統的な「キリスト教世界」の形骸化がうかがわれるが、逆説的には、教皇庁と袂を別ったヨーロッパ諸国が政治的にも宗教的にも独立の道をめざし、自信を深めていたことを物語っている。この流れは、台頭する世俗権力のイニシャティヴのもとで「近世国家」がつくられる際の重要なステップと考えられる。

# 13 ヨーロッパの近世国家と国家系

## 一　近世国家の諸類型

### ●主権国家とは

一般に、国家は領土・人民・統治権の三要素により構成されるが、近世のヨーロッパでは、近代国家のような統一的で均質的な国土や国民の意識はまだ成立していない。領土は君主の支配領域にすぎず、民族は国民に転化していないのである。したがって、近世国家の展開は王朝の興亡史として叙述されることが多い。しかし、統治権については、一六世紀フランスの政治学者ボダンが『国家論』のなかで「主権とは国家の絶対的で恒久的な権力である」と定義したように、一定の地域を領有する統治主体（＝国家）が最高の権力をもつとする主権概念が確立しつつあった。

この主権論は、その形態がどうであれ、公権力を有する政府に正統性の根拠を与え、また、諸外国はもちろん、教皇や皇帝といったより普遍的な支配者の権威をも排除するものである。そのかぎりで、近世ヨーロッパでは、「帝国」や「キリスト教世界」といった中世以来のヨーロッパの一体性を掲げる理念が後景に退き、より地域に根ざした「民族」を単位とした国家群（近世国家）に分節化されたと考えることができる。それは、三十年戦争の終結をはかったウェストファリア条約の精神となり、基本的に今日までヨーロッパの政治地図を織りなしている。

## ●近世ヨーロッパの政治地図

ここで、近世ヨーロッパの諸国家の特色を地域別に概観しておきたい（資料13—1参照）。第一のグループは、西ヨーロッパの世界である。そこでは、民族と王国の領域がほぼ重なる、伝統的な君主制国家が成長していた。その代表は、英仏百年戦争の混乱を収拾したヴァロワ王家のフランス、ばら戦争を勝ち抜いたテューダー王家のイギリス、一四九二年に念願の「国土回復運動（レコンキスタ）」を達成したアラゴン=カスティリャ王家のスペインである。これらの国々は、世襲王朝による集権体制をいち早くつくりあげた。その原因として、王国の領域が外敵の脅威を受けないで安定していたこと、王家に匹敵する有力な貴族家系が滅亡したこと、官僚制度が発展したことなどがあげられる。精神世界の統一という観点から、カトリック、改革派を問わず、宗派体制が導入されたことはすでに述べた。

第二のグループは、ネーデルラントからライン川を経てスイス、北イタリアまで伸びる「帯状」



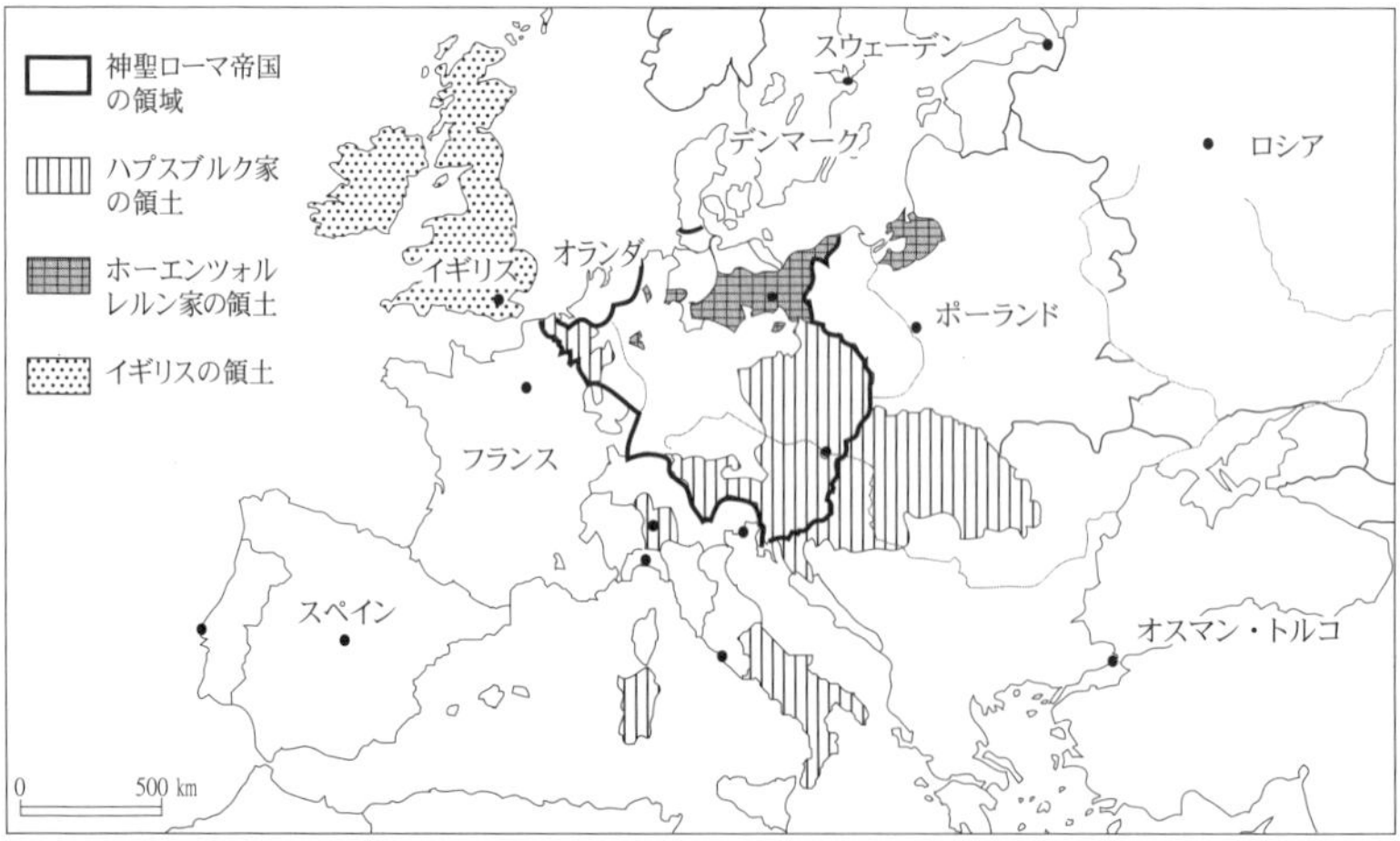


資料13－1　1715年のヨーロッパ諸国家

の地域で、やはり西欧の一角を占めている。せめぎあう東西のヨーロッパ世界の緩衝地帯といってもよいだろう。この地域は今日でも人口密度が高く、経済的にも豊かなところだが、中世初期の中フランク王国（ロタールの王国）の領域にも相当し、古くからヨーロッパの南北をつなぐ動脈の役割をはたしてきた。そこでは、北イタリアの都市国家や西南ドイツの帝国都市にみられるように、大きくまとまった領域国家が発展せず、都市を核とした小規模な領域が連鎖状につながっている。宗教改革が発生したり、その伝播の道筋となったのも、この地域の特色である。

第三のグループは、ドイツを中心とした中欧の世界である。この地域は中世初期の東フランク王国の領域を継承し、やがて神聖ローマ帝国という政治的一体性を標榜するが、帝国の理念とは裏腹に、つねに領邦を単位とした小地域への分解の危機をはらんできた。事実、皇帝権力が弱まると、オーストリアやブランデンブルクのような有力な領邦は自立化の動きを強め、帝国の外にまで領域を拡大した。ただし、そうした領邦も帝国を共有するという意味でのつながりは堅持している。この不可思議な国家形態は、国家の中核部分を欠いているため、非集権型の「複合君主制」とか「複合国家」と呼ばれる。

さらに、ドイツに接触する形で、東にポーランド、ボヘミア、ハンガリーなど、北にデンマーク、スウェーデンなどの王国が展開している。これらの諸王国は、王権の基盤が弱く、地方に割拠する貴族の意のままに離合集散が繰り返され、ドラマティックな盛衰の軌跡を描いたが、その一方で、同じ王家による同君連合もしばしばみられ、一種の「複合国家」の形態をとっている。東欧の場合は、ロシア、トルコといった異民族との抗争が絶えず、キリスト教（カトリック）の信仰がアイデンティティの拠り所となっていたと思われる。北欧の場合も、一六～一七世紀に台頭の著しいデンマークとスウェーデンがバルト海の覇権を争い、ドイツの問題にも干渉したが、ドイツと同じルター派の信仰を基調とし、イギリスやオランダに倣ってアジア・大西洋貿易に加わるなど、ヨーロッパ世界の一員であることに固執した。

このように、近世ヨーロッパの政治地図は、ネーデルラントから北イタリアへと続く「帯状」の地域を真中において、それよりも西側では、のちの「国民国家」の起源となる集権的な君主制国家が、それよりも東側では、ドイツをはじめ非集権的な「複合国家」が広がり、きわめて流動的で複雑な国際情勢を現出させていた。この構図の東と南にロシアとトルコ、西にスペインという新興の大帝国を配置すると、緊張関係がもっとよく理解できるだろう。そのような状況のもと、近世ヨーロッパの政治は、普遍的な「帝国」を追求する列強の動きと、それに対抗する主権国家群との綱引きを軸に展開され、その過程で「勢力均衡」という合従連衡型の国際秩序が構築されたのである。

## 二　「帝国」を求めて

### ●イタリア戦争の時代

近世ヨーロッパの政治史の流れは、大きく三つに区分できる。第一期は、フランスとドイツがヨーロッパの覇権を競った時期で、イタリア戦争（一四九四～一五五九年）の時期に相当する。第二期は、新大陸の富を背景にスペインが覇権を握った時期である。第三期は、スペインの衰退のあと、フランスとイギリスが大陸の覇権と海外植民地をセットで争い、初期的な世界戦争に突入した時期である。

第一期のイタリア戦争は、イタリアの領有権を主張するフランス国王シャルル八世がイタリアに出兵したことから始まるが、一六世紀前半では、ハプスブルク家の厖大な家産を相続したドイツ皇帝カール五世（在位一五一九～五六年）と、中世のシャルルマーニュ大帝がつくりあげたカロリング帝国の再現を目論むフランス国王フランソワ一世（在位一五一五～四七年）が、何度も干戈《かんか》を交えた。しかし、戦争は決着がつかず、ドイツの内乱に疲れたカール五世は、ドイツを弟のフェルディナント（一世）に、スペインとネーデルラントを息子のフェリペ（二世）に譲って、スペインの修道院に隠棲した。ハプスブルク家の東西分裂である。フランス側でも、フランソワ一世を継承したアンリ二世は、一五五七年にサン＝カンタンの戦いで大敗を喫し、帝国の野望を達成できなかった。一五五九年、イタリア戦争はカトー＝カンブレジの和約で終結した。

## ●スペイン覇権の時代

覇権争いの常連だったフランスとドイツが後退したあと、その地位を受け継いだのはスペインである。コロンブスの新大陸への到達以後、この地を次々と植民地化し、大西洋貿易を独占的に支配したスペインは、フェリペ二世の治世期に黄金時代を迎えた。ペルーのポトシで産出された大量の銀がセヴィリア経由でイタリアのジェノヴァやネーデルラントのアントウェルペンにもたらされ（資料13―2参照）、ヨーロッパ通貨の基礎となっている。一五七一年、地中海の支配権をめぐって、フェリペ二世はトルコ海軍をレパントの海戦で破り、一五八〇年にはポルトガルの王家断絶を利用してポルトガル国王を兼ね、まさに「太陽の沈まない王国」を実現した。

しかし、フェリペ二世の没後、スペインは衰退に向かい、スペインがもっていた権益をイギリスとオランダが分けあうようになった。イギリスは、フランスとドイツが争いに熱中している隙に乗じてスコットランドやアイルランドに遠征し、スペインの無敵艦隊を撃破し、新大陸にも進出した。大陸の問題に深入りしないで、島国としての立地を生かし、海洋国家に転身したところからイギリスの未来が開けたのである（資料13—3参照）。オランダは、もともと北海・バルト海と大西洋をつなぐ商取引の結節点に位置し、自由主義的な貿易立国をめざしていた。そこでは、王権が弱体であり、貴族や商人の勢力を背景に、アムステルダムやロッテルダムなどの都市が主力となって「連邦共和国」を成立させている。

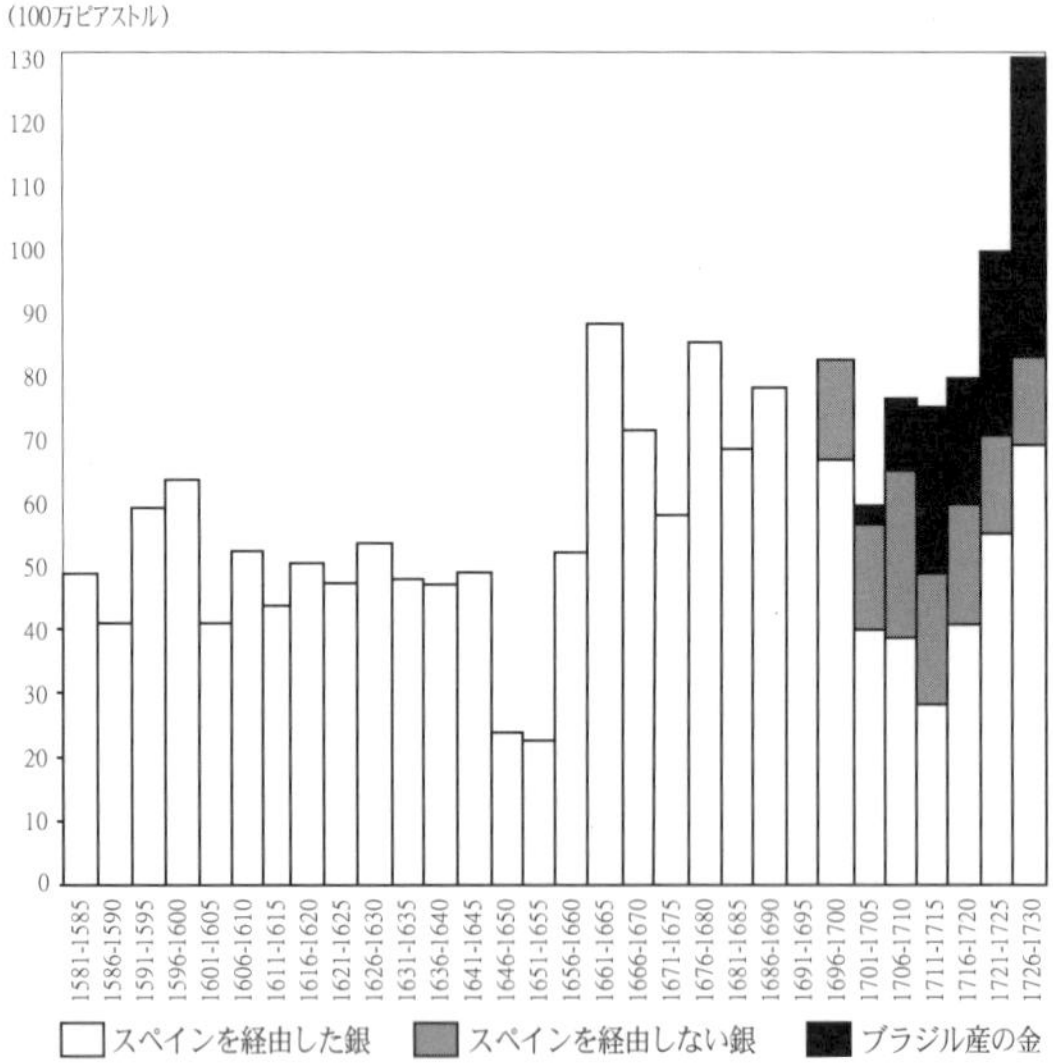


（出典） P.Léon, *Histoire économique et sociale du monde*, t–2, Paris, 1978, p.82.

**資料13－2　新大陸からヨーロッパに入った貴金属（1580～1730年）**

### ●三十年戦争とウェストファリア条約

改革派とカトリックが拮抗していたドイツでは、一六一八年にボヘミアで勃発した改革派の武装蜂起をきっかけに、全面戦争（三十年戦争）に突入した。この戦いは、宗教的対立と、ハプスブルク家の膨張政策への反発が入り交じり、デンマーク、スウェーデン、フランスなどが介入して、足かけ三〇年に及んだ。戦場となったドイツでは、人口が約四〇パーセントも減少したといわれる。この戦いは一六四八年のウェストファリア条約で結末を迎えたが、オランダやスイスの独立が認められたほか、ドイツの諸領邦が主権国家の地位を与えられ、ドイツの分裂が確定した。

とはいえ、ウェストファリア条約をマイナス面だけで捉えてはならない。まがりなりにも、この条約はドイツに平和と宗教的な寛容の精神をもたらした。政治と宗教の分離が初めて試みられたのである。また、ウェストファリアの交渉経過は、これまでのヨーロッパ外交に新しいスタイルを切り開いた。第一に、教皇や皇帝の仲裁がまったく効力を発揮しなくなったこと、第二に、当事国同士の交渉に代わって、主要国の代表が一同に会し、ヨーロッパ全体の利害を調整する国際会議が開催されたこと、第三に、諸国は外交を担当する専門家を養成するようになったことである。外交使節の常駐により、長期間にわたる粘り強い交渉も可能になった。もちろん、その後、戦争が回避されたわけではないが、その被害を最小限度に抑えるシステムはできたのである。

| 年代／国名 | 1670 | 1680 | 1690 | 1700 | 1710 |
|---|---|---|---|---|---|
| イギリス | 104 | 133 | 83 | 127 | 123 |
| オランダ | 129 | 93 | 52 | 83 | 86 |
| フランス | 120 | 135 | 89 | 108 | 94 |
| スペイン | 20 | 20 | 15 | 10 | ? |

（出典）　P.Villers, P.Jacquin et P.Ragon, *Les Européens et la mer,* Paris, 1997, p.164.

**資料13－3　近世ヨーロッパ諸国の主要艦船比較**

### ●第二次英仏百年戦争

一七世紀後半からの第三期は、イギリスとオランダの覇権争いにフランスが加わり、三度にわたる英蘭戦争でオランダが脱落したあとの一八世紀は、イギリスとフランスの激しい植民地争奪戦が世界を舞台におこなわれた。その概要は次章に譲るが、ルイ一四世親政のもとで財務総監をつとめたコルベールが、いわゆる「重商主義」政策を全開させたことを指摘しておきたい。イギリスはフランスの海洋帝国化に脅威を感じ、強力な海軍建造政策を推進した。イギリスの歴史家ブリュアは近年の著書で、このイギリスの変化を「財政＝軍事国家」と形容している。その当時、国民一人あたりの税負担は、フランスよりもイギリスの方が大きかったのである（資料13―4参照）。両国の争いの決着は、通説的にいわれている七年戦争（一七五六～六三年）を超えて、フランス革命・ナポレオン戦争期まで持ち越された。

## 三　君主制と議会制

### ●ルネサンス王政

一六世紀のイギリスやフランスでは王権の伸張が著しく、国王の「恩恵」を求めて、地方の貴族や名士が国王のもとに蝟集し宮廷社会が成立した。国王は貴族に官職や年金などを与え、貴族を懐柔するとともに、中央と地方の連携の強化をはかった。イギリスの歴史家トレヴァ＝ローパーは、テューダー王朝のヘンリ八世の統治を念頭において、この政治の仕組を「ルネサンス王政」と呼んでいる。その延長線上に、絶対王政が姿を現わすであろう。けれども、「君主制国家＝主権国家」のモデルとされるフランスでさえ、実質的には領邦や州を寄せ集めただけのモザイク

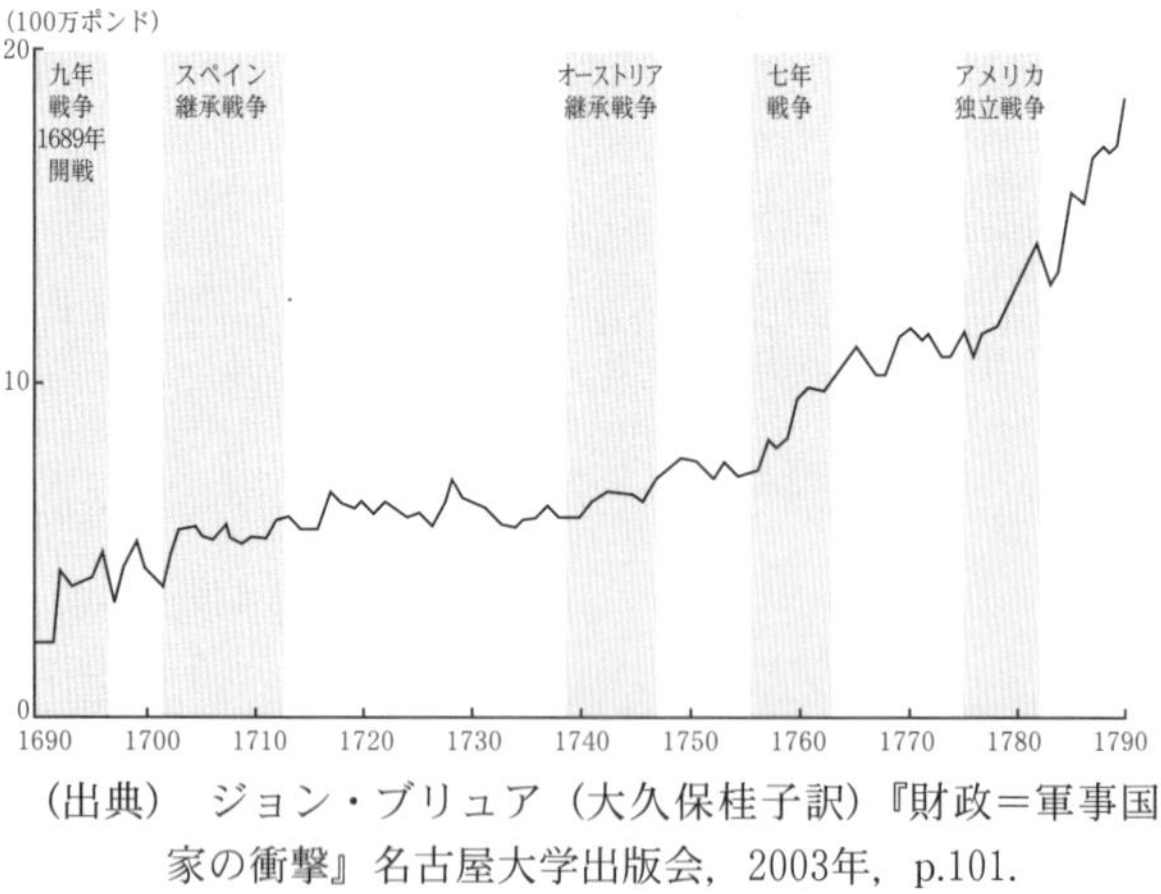

（出典）　ジョン・ブリュア（大久保桂子訳）『財政＝軍事国家の衝撃』名古屋大学出版会，2003年，p.101.

資料13－4　イギリスの純税収額（1690～1791年）

国家で、その凝集力には限界があった。王権がより濃密な支配を実現するには、王国の統合に際して特権や自治権を認めた諸地方や諸身分（「社団」と呼ばれる）からどのように合意を引き出すかにかかっていた。

この点で、中世後半から機能しはじめた身分制議会は、「ルネサンス王政」のもうひとつの要素となっている。たしかに、一円的な支配をめざす王権にとって、社団は両刃の剣であった。とくに「国王は王領の収入で生計を賄うべし」という中世以来の格言は、国王の大権を制約するもので、国王は新たな立法を試みるたびに議会を召集し、社団の同意を取りつけなければならなかった。しかし、その一方、ボダンなどその当時の法学者は、「議会のなかの国王」ほど安定した君主制はないと、身分制議会の積極的な役割を論じている。これは、国王と議会の共同統治もしくは混合王政の提唱であり、民意をふまえた王権の正統性を指摘したものにほかならない。そこには、一六世紀の人文主義が掲げた理想政治としての「共和国(res publica)」という概念が投影されているとみられる。

### ●身分制議会の国制上の位置

官僚と軍隊を両輪とした専制君主制という絶対王政のイメージは、もう過去のものである。典型的な絶対王政が展開したといわれるフランスでも、王権は社団の微妙な力関係の上に乗っていたにすぎない。しかし、いくつかの領域（州）をまたぐ王国が成立すると、王権は、地方の自治や慣習を尊重しつつも、統一的な政治をおこなう必要性に迫られてくる。その場合、国王には、各界の代表者を集めた身分制議会よりも、専門的な知識をもつ官僚集団を用いた方がはるかに効果的・効率的と思われるようになった。このため、フランスでは、一六世紀を境に身分制議会（三部会）があまり機能しなくなり、一六一四年以後は全国三部会が開かれなくなった。そこに、官僚政治（絶対王政）への転換点を見出すことができる。ただし、社団の原理自体は潜在化したにすぎない。官僚政治が行き詰まった一七八九年、フランス革命の原因となる全国三部会が召集された。

フランスと同じく絶対王政の道を歩んだイギリスは、一七世紀中頃のピューリタン革命を挟んで政局が大揺れになるが、一七世紀末に王権と議会が和解して「名誉革命」体制が樹立された。イギリスの政治的混乱は多分に国教会という曖昧な宗派体制から生みだされたものだったが、「議会王政」という混合型の政治形態を取り入れることで、ようやく王位の継承問題に決着をつけ、世論を喚起し、国民の合意を取りつける政治の仕組を実現したのである。一八世紀に入ると、イギリスの議会政治は理想化され、フランスの絶対王政と対比的に論じられるようになった。イギリス政治の叡知が結晶した「名誉革命」は含蓄のある用語である。

ヨーロッパ諸国の多くは、イギリスとフランスの中間的な方法で身分制議会を機能させた。そのうちでは、西ヨーロッパに属する「帯状」の地域であるネーデルラントやスイスで議会がかなり機能したことは注目に値する。しかし、それらはもともと自治の伝統が豊かな小地域であった。それに対し、中欧や東欧では、ドイツ、ポーランド、ハンガリーなどの議会はいずれも強大な権限と伝統を有し、つねに王権と対抗し、集権的な国家権力の形成を阻む方向へと働いた。しかも、議会に出席権をもつ「等族身分」は主に高位聖職者、貴族、大都市の代表から構成され、民意を十分に汲みとることはなかった。その点に、立憲君主制的なイギリス・モデルに直截に結びつかないジレンマがあったのである。

# 14 大航海時代と世界経済

## 一　「近代世界システム」の視点

### ●ウォーラーステインの問題意識

近世ヨーロッパは、その内部に新しい政治・社会の秩序をつくりだすとともに、外の世界に向かっても大きく飛躍していった。とくに一六世紀は「地理上の発見」とか「大航海」の時代と呼ばれ、ヨーロッパ人がアジアと新大陸に進出した時期にあたっている。問題は、これを契機にヨーロッパが徐々に他の文明世界を圧迫し、政治的にも経済的にも支配するようになったことで、そうした状況を個々の事情の説明ではなく、グローバルな視点から総合的に捉えることが重要な課題となっている。

この点で魅力的な解釈のひとつが、世界をひとつの巨大なシステムとみなす「近代世界システム」論の考え方である。その論者であるアメリカの歴史学者ウォーラーステインによれば、一六世紀以降、西ヨーロッパを中心に機能的で効率的な資本主義経済（＝「ヨーロッパ世界経済」）が生まれ、次々に非ヨーロッパの地域を包みこんで世界的な分業体制が構築されたのである。

### ●「近代世界システム」の特色

この世界システムのモデルは、いくつかの特色をもっている。そのひとつは、そこに包摂された世界が均質ではなく、「中核」「半周辺」「周辺」という不平等な三層の空間から構成されていることである。「中核」はまさしく商工業・金融活動の中枢で、高度な資本主義とその文化が開花する。物価は高いが、雇用の機会は多く、福祉施設も充実している。自由の雰囲気を好感して外国からの移住者も多い。一方、「周辺」は経済的に「中核」に従属させられ、工業原料の供給や食糧生産など「中核」の経済活動の基礎部門を担っている。そこには労働を強制される先住民インディオや黒人奴隷がいる。つまり、世界システムは、その内に資本制から奴隷制までさまざまな生産様式を含み、当初から不平等な関係が前提された分業体制にほかならない。そのメカニズムが機能すればするほど、「中核」と「周辺」の支配・従属関係は強化され、格差は開いてゆくのである。

もうひとつの特色は、この世界システムが経済関係を基盤にしているため、政治関係がつねに不安定で、その支配をめぐる争いが「中核」の諸国間で繰り返されることである。その際、一時的とはいえ、生産・流通・消費という経済活動の全部門において、「中核」諸国のうちで一国が抜きんでた地位を占めるケースがあり、これは「ヘゲモニー（覇権）国家」と呼ばれる。ウォーラーステインは、このような状況にあるものとして、一七世紀のオランダ、一九世紀のイギリス、二〇世紀のアメリカをあげているが、後述する一七〜一八世紀のオランダ、イギリス、フランス間でおこなわれた抗争は、ヘゲモニーの帰趨に関わる問題をはらんだものだった。

今日、ウォーラーステインの捉え方には、静態的であるとか、西ヨーロッパ中心史像を克服していない、といった批判が寄せられている。しかし、ここでは、「比較史」や「関係史」の視点から、近世ヨーロッパの成長を非ヨーロッパ世界との関係のなかで考察しようとするウォーラーステインの論点をふまえ、一六世紀の地中海世界で産声をあげた「ヨーロッパ世界経済」が自己増殖をとげてゆく過程を概観したい。

## 二　大航海時代の開幕

### ●アジアと新大陸の新しい通商路

ヨーロッパが世界に進出するきっかけをつくったのは、イベリア半島のポルトガルとスペインという「国土回復運動」を終えたばかりの新興国の動きであった。

一五世紀中葉以降、ポルトガルはインドへの通商路を求めてアフリカ大陸を南下していたが、一四九八年、ヴァスコ・ダ・ガマが率いる船隊はインドの西海岸カリカットに到着し、大量の香辛料を買いつけてリスボンに戻った。このあと、ポルトガルは香辛料の原産地であるモルッカ諸島に至り、インドのゴア、マレー半島のマラッカ、中国のマカオ、日本の長崎に商館をつくり、アジアの商業ネットワークを築きあげた。その副産物として、一五〇〇年インドに向かったカブラルの船隊は、途中で嵐にあってブラジルに漂着し、この地の領有を宣言した。ポルトガルから近いブラジルでは、ヨーロッパ市場に向けて蘇芳（紅色染料）、タバコ、砂糖の生産が始まった。

一方、スペイン国王の後援を受けて西方からインドをめざしたコロンブスは、一四九二年、アメリカに第一歩を印した。翌年、再びこの地にやってきたコロンブスは、早くも一、〇〇〇人ほどの移民を伴っていた。植民地化の始まりである。次いで、マゼランはポルトガルが支配するモルッカ諸島に西回りで到達しようと一五一九年に船出し、初めての世界周航をはたした。このあと、新大陸では貴金属を求めて「征服者（コンキスタドル）」が暗躍し、一五二〇年代にはコルテスがメキシコのアステカ王国を、一五三〇年代にはピサロがペルーのインカ帝国を滅ぼした。ほどなくペルーのポトシで銀の鉱脈が発見されたので、新大陸では国王直轄のもとに、銀の採掘から本国セヴィリアへの輸送に至るルートが整備された。ヨーロッパ各地にもたらされた銀は、通貨量を増大させ、価格革命をもたらしたといわれるが、一六世紀ヨーロッパの経済発展を根底で支えた。

## ●世界の交通系の完成

コロンブスのアメリカ大陸への到達、ヴァスコ・ダ・ガマのインド航路の発見、マゼランの世界一周は、「地理上の発見」を象徴する三大イヴェントである。不思議なことに、世界を結ぶ通商路は、この三人が辿った航跡をなぞって一六世紀前半に早々と完成された。あとは、一五六〇年代、スペイン人レガスピによるメキシコ（アカプルコ）とフィリピン（マニラ）を結ぶ太平洋交易路の開通を待つばかりである。資料14―1は「地理上の発見」による諸国の世界進出の模様を示し

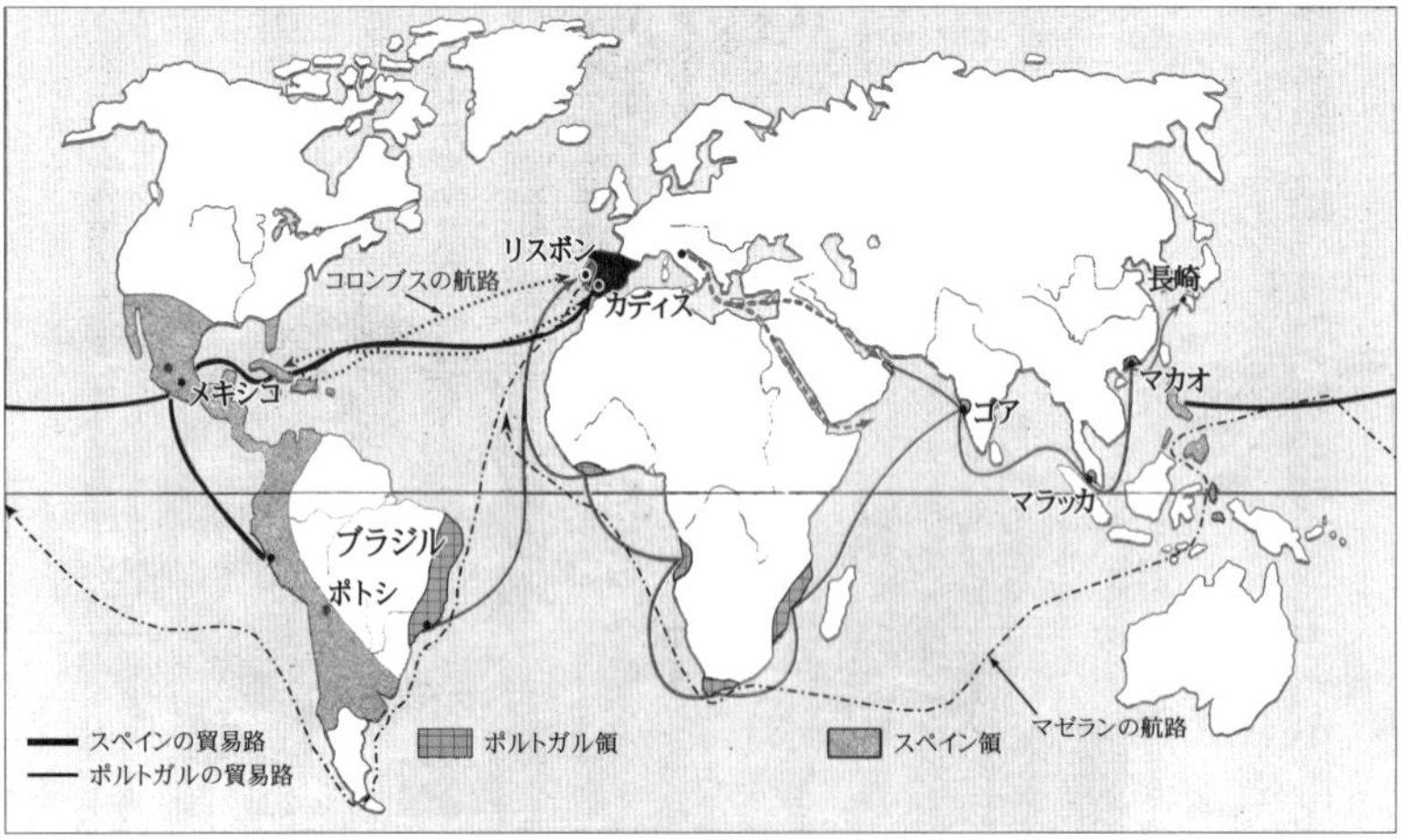


資料14－1　大航海時代の世界

た地図である。

新しい通商路の成立はヨーロッパに大きな影響を及ぼした。第一に、ヨーロッパ人の海外進出である。ただし、アジアではインドのムガール帝国、中国の明・清帝国、日本の織豊政権などがあって、ポルトガル人の活動は限定され、船の技術や大砲の威力をもとに、既存の商圏に参入する中継貿易にとどまった。アジアとヨーロッパを往復するには約二年かかり、商館と寄港地を維持するコストの高さが最大のネックとなったのである。この点は、一七世紀にアジア貿易の主役を担ったオランダも同様で、バタヴィアに拠点を構えた現地の東インド会社は、アジア間の中継貿易に力点をおき、しばしば本国と対立した。

それと比較すると、ヨーロッパと新大陸は一年あまりで往復でき、航海もまず安全だった。したがって、新大陸は、貴金属の産出や農作物のモノカルチュア地帯として、当初からヨーロッパ経済に強く規定され、世界システムの「周辺」に組みこまれたのである。スペインは、植民活動を奨励するため、植民者に征服地の土地や住民の支配を委ねるエンコミエンダ制を、また、労働力の不足を補うため、アフリカからの奴隷供給を外国人に請負わせるアシエント制を導入した。

第二に、ヨーロッパの諸地域の役割の変化である。フランスの歴史家ブローデルによれば、古代ローマ時代から一六世紀まで、ヨーロッパは、地中海地域とそれ以外の地域（フランス、ドイツ、ポーランドなど）がそれぞれ「地峡」によって個々に結ばれる形で編成され、地中海地域の優位が維持されてきた。そこにイタリア諸都市、とりわけ地中海貿易を二分したヴェネツィアとジェノヴァの繁栄があったのである。「地峡」のなかでは、前章で指摘した北イタリアとネーデルラントを結ぶ「帯状」の地域がもっとも安定し、経済的にも動脈の役目をはたしてきた。ところが、アジアや新大陸の物産が「帯状」の北辺にあたるネーデルラントに直接運びこまれるようになると、ヨーロッパの重心がネーデルラント側に傾き、イタリアとヨーロッパ内陸部の意味が大幅に後退せざるをえない。「地理上の発見」は、ヨーロッパの人や物の流れを変えただけでなく、伝統的な地理観それ自体に大きな変化をもたらしたのである。

## 三　環大西洋時代に向かって

### ●オランダの役割

ウォーラーステインによれば、「ヨーロッパ世界経済」が勃興したのは一六世紀のヴェネツィアであった。しかし、その時点で、地中海世界はすでに繁栄のピークを過ぎていたとみなければなるまい。事実、「好況の一六世紀」のあと、一六世紀後半から一七世紀前半にかけて、ヨーロッパ各地が凶作、伝染病の流行、人口減少などの深刻な危機（「一般的危機」と呼ばれる）に見舞われるなか、唯一明るい兆しがみられたのは大西洋や北海に面した海港都市、そしてネーデルラントであった。ネーデルラント北部（オランダ）の独立派は、宗主国スペイン側に与した海港都市アントウェ

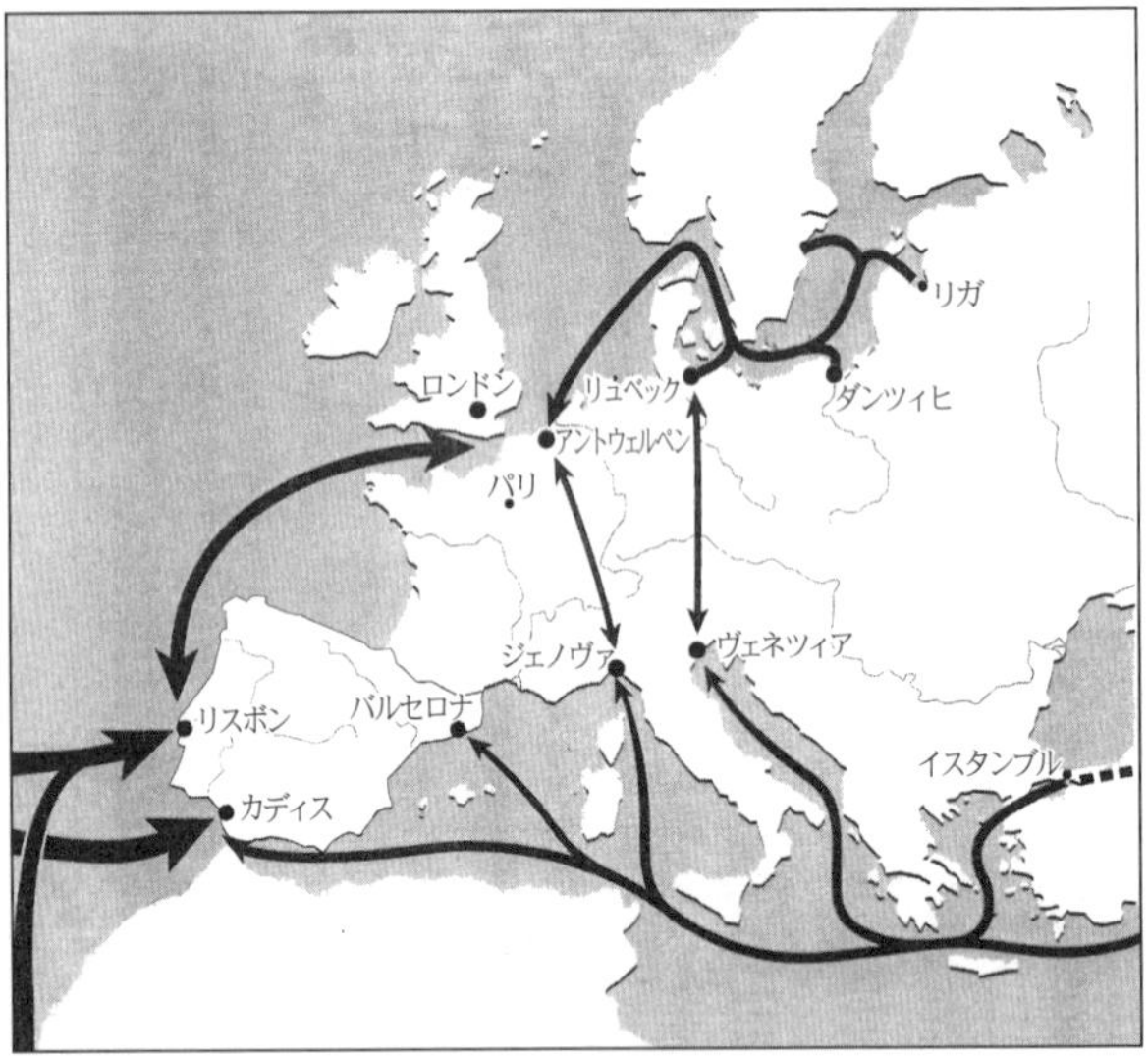


資料14－2　16世紀ヨーロッパの通商路

ルペンの機能を一六世紀末に破壊し、アムステルダムに新たな経済活動の拠点を築いたのである。資料14—3は、近世ヨーロッパ諸国の交易路の広がりを示している。

ところで、人口約一五〇万人と小さな国家にすぎないオランダが、一七世紀の後半までヘゲモニーを堅持できたのは、どのような理由によるのだろうか。たしかに、オランダは工芸技術に優れ、毛織物業、製糖業、製紙業、醸造業などが興隆した。ニシン・タラの遠洋漁業や、集約型の農業もよく知られている。金融の面では、一六〇九年にアムステルダム銀行が設立され、為替手形による国際的な決済、資本の外国投資が可能となった。しかし、ここで注目すべきは、オランダが培った海洋的な側面である。

そのひとつは、オランダがバルト海方面の貿易と密接に結びついていたことである。そこから輸入された主な商品は、エルベ川以東のプロイセン、ポーランド、ロシアなど東ヨーロッパで生産された穀物（小麦とライ麦）、スカン

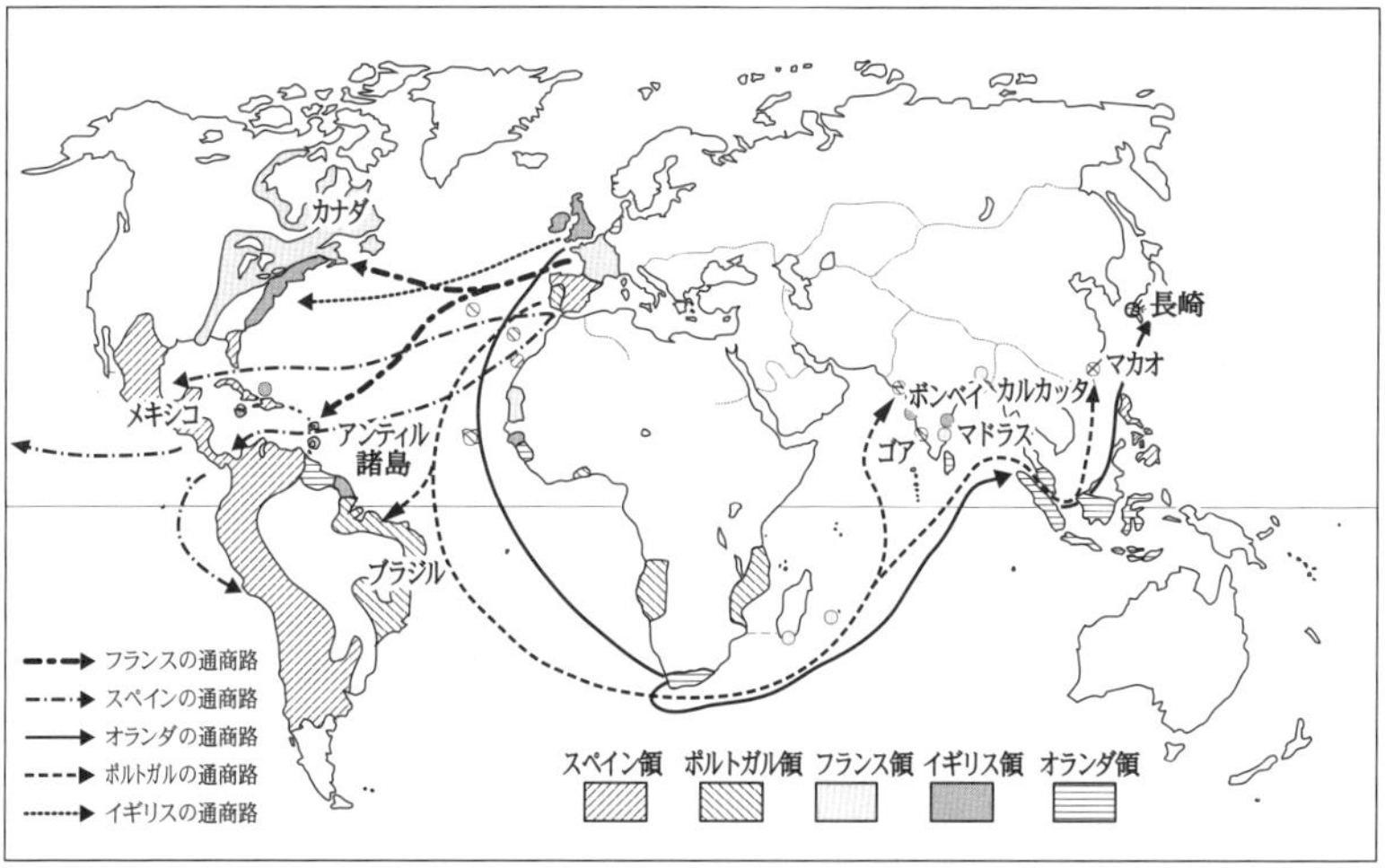


資料14－3　1700年頃の世界

ディナヴィア産の銅、鉄、硝石、船材、タール、ピッチなどであった。前者は工業国に転じたオランダの食生活を賄う必需品である。東ヨーロッパの大土地所有者は、西ヨーロッパ市場に向けて穀物のモノカルチュア化を進めたので、東ヨーロッパでは領主制が強化され、「再版農奴制（グーツヘルシャフト）」と呼ばれる農民の隷属化が広がった。後者は船舶や武器の製造用で、海洋に乗りだすには不可欠な物資である。一七世紀にデンマークやスウェーデンが注目を集めるようになった背景には、こうした戦略物資の動向が絡んでいたとみられる。世界システムの図式でいえば、東ヨーロッパは「周辺」にとどめられたのに対し、北ヨーロッパは「半周辺」への昇格を試みたのである。

いまひとつは、オランダの植民地経営の手法である。第一に、オランダは会社制度を導入し、喜望峰を境に東インド会社（一六〇二年設立）と西インド会社（一六二一年設立）に分け、外交権、自衛権、貨幣鋳造権などを含む当事者能力を与えた。第二に、オランダはポルトガルのアジア経略の方法を積極的に取り入れた。ポルトガルが始めたアフリカの奴隷貿易に参加し、スペインとアシエント契約を交したことや、ブラジルに侵入し、タバコ、砂糖、コーヒーなどのプランテーションの技術をカリブ海方面に伝えたことは、のちの「三角貿易」の原型となった。また、インドネシアで香辛料貿易が低迷すると、コーヒー栽培への転換を試みるなど、オランダは植民地の有効利用に熱心で、本格的な植民地の領有化、換言すれば、世界システムにおける植民地の「周辺」化を促進したと考えられる。

もっとも、オランダが世界の物産の集散地として成功した最大の秘密は、造船業と海運業の発展、そして何よりも優秀な船員の養成にあった。オランダが建造した新鋭のフライト船は、容積が大きく、操船が簡単で、少人数で大量の積荷を輸送する能力をもち、中継貿易には最適だった。人口の少ないオランダは、その弱点を船舶の保有数と操船の技術力でカヴァーし、ヴェネツィアを上まわる規模の世界システムを機動させたのである。グロティウスが主張した「海洋の自由」は貿易立国オランダの精髄である。

## ●イギリスとフランスのヘゲモニー争い

一六世紀以来、アジアと新大陸に交易の道を模索していたイギリスとフランスが、オランダと対抗できるようになったのは一七世紀の中頃である。その間、両国は内乱の鎮定に追われ、ようやく一七世紀はじめイギリスはヴァージニアとニューイングランドに、フランスはカナダに植民地を建設して海外発展のチャンスを掴んだ。その後、両国は海洋問題のパイオニアであるオランダから会社制度をはじめ、造船・操船の技術、プランテーションなどについて手ほどきを受け、カリブ海の西インド諸島の植民開発に年季奉公人や黒人奴隷を送りこむようになった。

そのうち、一歩先んじてオランダの海運力に追いついたイギリスは、オランダが理想とする自由貿易に対して保護貿易の色彩を強めた。クロムウェルは、ピューリタン革命のさなかの一六五一年に「航海法」を発布し、イギリスと植民地への商品の搬送をイギリス船と当事国の船に限定し、事実上オランダ船の締めだしをはかった。このため、両国は三度にわたって英蘭戦争（一六五二〜七四年）で激突するが、イギリスはこのきびしい戦いに勝ち、オランダのヘゲモニーを崩した。オランダと友好関係にあったフランスも、ルイ一四世の親政時代に入ると、財務総監コルベールが商工業と貿易の振興という見地から、一六六四年と一六六七年にオランダ商品の締めだしを狙って高関税政策を実施した。フランスはオランダの打倒を掲げてオランダ戦争（一六七二〜七八年）を強行したので、フランスの侵略を恐れたオランダは、ついに宿敵イギリスと和解し、攻守同盟を結ぶようになった。

　オランダの後退と、イギリス・フランスの台頭の理由は、結局のところ、国力の差に求められるだろう。一七世紀後半、「中核」の諸国は強大な国家をめざして機構改革をはかったが、たとえば軍事力の増強に関して、大砲を一〇〇門以上も搭載する戦列艦の数が海戦で勝利をおさめる決定的な要素となると、英仏間で建艦競争が起こる一方、輸送船の技術に依存するオランダは財政負担に耐えられなくなり、脱落せざるをえなかった。

　このあと、イギリスとフランスは第二次英仏百年戦争と呼ばれる植民地争奪戦に突入した。ヨーロッパ大陸部で継起したアウクスブルク同盟戦争（一六八九～九八年）、スペイン継承戦争（一七〇一～一三年）、オーストリア継承戦争（一七四〇～四八年）、七年戦争は、アメリカ大陸では、ウィリアム王戦争、アン女王戦争、ジョージ王戦争、フレンチ＝インディアン戦争と呼ばれる。その帰趨は、北アメリカの植民地（カナダとルイジアナ東部）をフランスがイギリスに割譲した七年戦争の講和条約であるパリ条約でほぼ決着がついた。

　しかし、イギリスの勝利をイギリスの自由主義とフランスの絶対王政の対抗という単純な見取図に還元してはならないだろう。ウォーラーステインが指摘するように、一七世紀後半の時点で両国の差はほんのわずかであり、イギリスの「名誉革命」体制とフランスの「ルイ一四世の独裁」体制はともに「経済上の国民主義」ともいえる「重商主義」の理論を基盤に形成されていたのである。イギリスの歴史家リンダ・コリーは、このイギリスとフランスの緊張関係をよく描いている。両国のヘゲモニー争いは、新大陸やインドを巻きこみ、「ヨーロッパ世界経済」を肥大させつつ、一八世紀末まで続くことになる。

# 15

# 近世ヨーロッパの社会と文化
# ―エリート文化と民衆文化

## 一　近世ヨーロッパの生活文化

### ●商業革命から生活革命へ

近世ヨーロッパは、アジア、アフリカ、新大陸を包みこみ、有機的な世界システムである「ヨーロッパ世界経済」を機能させた。この段階のシステムは目が粗く、アジア貿易を例にとると、一八世紀までヨーロッパはアジアに輸出する自前の商品をほとんど持たず、輸入超過に陥り、貿易赤字を主に新大陸で産出された金銀で補填する有様だった。それでも、ヨーロッパの主要都市には世界各地からさまざまな物産が集まった。香辛料、砂糖、茶、コーヒー、陶磁器、絹織物、綿織物などの嗜好品である。とくに一七世紀後半以降、西ヨーロッパでは「商業革命」と呼ばれるほどに舶来品の総量が増加し、ヨーロッパの伝統的な生活様式に変化がみられるようになった。「生活革命」の到来である。

食文化について、中世以来珍重されてきた香辛料の消費が低迷するようになったのは、香辛料が民衆の食卓にまでのぼるようになったからで、差異化を望むエリートは調味料に砂糖を用いるようになった。一人あたりの砂糖消費量は、イギリスと北欧が断然多い。当初は薬用として推奨されたコーヒーは、一七世紀中頃から消費が急上昇し、パリではカフェ、ロンドンではコーヒー・ハウスができ（資料15―1参照）、新しい社交場の必需品となった。オランダ経由で入ってきた茶もヨーロッパ各地で愛好され、一八世紀のイギリスでは「ハイ・ティー」という高級な文化にまで高められた。また、衣文化について、インド産のインド更紗やモスリン織といった綿織物は、モードの革新といってよいほどに愛用されたが、本国の繊維産業との競合が懸念されたため、一七世紀末のイギリスやフランスでは輸入が制限された。こうして、近世ヨーロッパでは、富裕さの程度に応じて贅沢な物質文化を享受できるようになったのである。

### ●ミュシャンブレッドの視点

ところで、ロシアの文学研究者バフチーンやフランスの歴史家ミュシャンブレッドによれば、中世ヨーロッパには、文化的な価値意識の面で社会の上層（エリート）と下層（民衆）に大きな隔たりはなく、むしろ双方に共通の文化さえあった。ラブレー『ガルガンチュア物語』に描かれるカーニヴァル的な世界はその典例である。ところが、一六世紀以降、君主の中央集権制と教会の宗派体制が進展するにつれて、両者のあいだには亀裂が生じるようになった。エリートは支配者側のアイデンティティを強く意識し、その規範文化として、知的で洗練された文化（エリート文化）を受け入れたからである。その反面、かれらが共有していた民衆文化は素朴で野卑なものとして排除された。各人の社会的・文化的

資料15－1　18世紀ウィーンのカフェ

なステータスは、エリート文化との距離によって測られるようになり、人々はエリート文化の枠組に準拠しつつ自己の規律化・内面化をはかった。それが「習俗の文明化」であり、ドイツの社会学者エリアスは「文明化の過程」と形容している。

エリート文化と民衆文化の二項対立という図式は、近世ヨーロッパの文化をあまりに単純化した見方だが、中世の水平的な紐帯が希薄化する一方で、近世の社会には、差異化をもとに、エリートから民衆までを貫く、垂直的で統一的な価値意識や階層秩序がつくりだされたという指摘は重要である。そうした動きは、この時期に王権と教会を両輪とした「国民文化」の形成に対応していると考えられる。以下では、近世ヨーロッパで文化の主な発信源となった宮廷と都市を焦点に、エリート文化と民衆文化の実態を検討したい。

## 二　宮廷社会とその文化

### ●宮廷社会の成立

宮廷とは、君主とそれを取り巻く集団、あるいは、君主の住居のことであり、そのかぎりで宮廷の起源は古代に遡る。しかし、定住する君主のもとに一定数の有力者が定期的に集い、政治の決定や宗教・祝祭行事がおこなわれるという意味では、ヨーロッパの宮廷の基盤はほぼ中世末に整えられた。それまで、君主は数千人の廷臣とともに城から城へ、都市から都市へと移動していたのである。終生を旅に過ごしたドイツ皇帝カール五世は、「君主は宮殿を必要としない」と述べたと伝えられている。

フランスの場合、一六世紀に入ると国王はパリに長期滞在する傾向にあるが、フォンテーヌブローやシャンボールなどの城館で狩猟や祝宴に興じることも多く、イタリア戦争中は宮廷をリヨンにまで進めた。宗教戦争で危機的状況に陥ったとき、母后カトリーヌ・ド・メディシスに伴われた幼いシャルル九世は、一五六四～六六年の二年間にわたってフランス全国を行脚した。

宮廷の都市定着については、一五～一六世紀のイタリア諸都市のルネサンス宮廷が大きく貢献した。ルネサンス文化が絶頂を迎えたとき、フィレンツェのメディチ家、フェラーラのエステ家、マントヴァのゴンザーガ家、ミラノのスフォルツァ家などは、市内に華麗な宮殿を構え、市民の第一人者として都市景観の維持と都市文化の育成にパトロン役をつとめた。イタリア文化に憧れるヨーロッパ諸国の君主は、宮廷と都市を一体化した首都機能の拡充をはかったので、王宮や公的なモニュメントを中心とした都市計画や都市開発が進められた。一六～一七世紀を通じて、パリ、ロンドン、マドリッドはもちろん、ミュンヘン、ウィーン、プラハ、ワルシャワなども人口が増加し、首都の活況をみせている。

その後、宮廷の理想像は、一六八二年にルイ一四世がヴェルサイユに完成させた宮廷都市という形に結晶した。ヴェルサイユでは宮廷に奉仕する人が約一万人にのぼり、全体では五万人を超える都市になった。首都からやや離れた場所に森や庭園で囲われた「レジデンス」という方式は、国王の公的生活と私的生活を総合したもので、資料15―2のように、一八世紀にはヨーロッパ諸国で模倣された。その典型は「プロイセンのヴェルサイユ」と渾名されたベルリン郊外のポツダムである。

## ●エリート文化としての宮廷文化

すでに「ルネサンス王政」の項で触れたように、近世の宮廷は、国王による暴力の独占状況のなかで、国王の「恩恵」を求めて地方の貴族や有力者が国王のもとに参集し、一種の平和的な政治空間がつくられたもので、それを舞台に社交生活が繰り広げられた。もっとも、近年の研究によれば、エリアスが『宮廷社会』で論じているほどに国王は権力を掌握していたわけでなく、むしろ宮廷は、祝祭や儀礼を通じて国王と大貴族の融和・協調関係が示される場であったと考えられている。宮廷に伺候する人々に、国王は気前よく年金や官職を与えた。また、一六～一七世紀のフランスで、暴力の排除というタテマエとは裏腹に、貴族間の決闘が絶えないのは、自立的な戦士階級という貴族の名誉意識が過剰に刺激されたからで、国王側の度重なる決闘禁止令はあまり効果がなかった。

　とはいえ、宮廷社会が本格的に機能しはじめると、そこでおこなわれる儀礼や立居振舞はただちに慣習化し、流行となり、人々の生活を律するドミナ

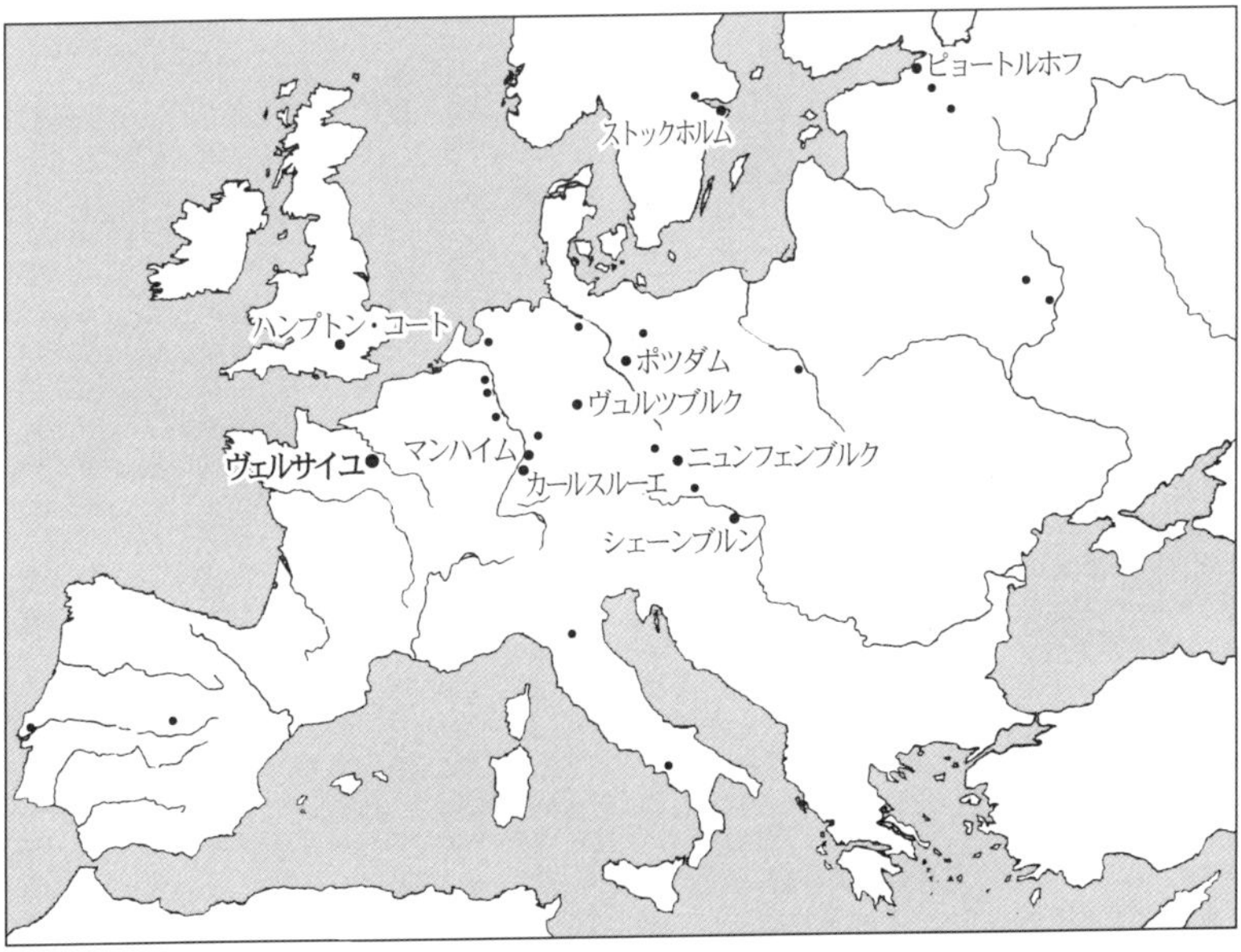


（出典）　F. Braudel, *Civilisation matérielle, économie et capitalisme,* t-3, Paris, 1979, p.53.

**資料15－2　18世紀ヨーロッパのヴェルサイユ宮の模倣**

ントな参照系となった。たしかに、そうした振舞は、これまで曖昧だった身分や地位関係を視覚的に識別し、見知らぬ者同士の人間関係をスムーズにする手立てではある。宮廷で晩餐会や舞踏会をはじめ、コンサート、演劇、狩猟などの催物や娯楽が開催されると、参加する宮廷人はそれらについての深い知識や素養が必要とされた。ルイ一四世は、学問や芸術を保護するため、いくつかのアカデミーを創設したが、宮廷人も競って文芸保護者の役割を演じた。宮廷人は威信のための消費を惜しんではならなかったのである。

かくして、フランスでは、ルイ一四世の親政時代に国風文化ともいえる「古典文化」が確立したが、類似した現象はヨーロッパ諸国でみられた。むしろ宮廷文化は、国内よりも外国に与えるインパクトが大きく、ヨーロッパの宮廷間の国際的な絆の強さがうかがわれる。宮廷社会を支える物質文化の点では、王宮や貴族の居館に豪華な調度品を供給するため、モートレイク（ロンドン西郊）、ブリュッセル、ゴブラン（パリ）にタピスリー工場が、フィレンツェ、アウクスブルク、ストックホルムに金銀細工工場ができた。一八世紀には、サロン活動や、紅茶・コーヒーの愛飲ブームを背景に食器類への関心が高く、ザクセン、オーストリア、フランス、バイエルンの王家は、それぞれマイセン、ウィーン、セーヴル（パリ西郊）、フュルステンベルクに王立の陶器工場を設立した。

より重要な問題は、精神文化の面で「習俗の文明化」が進行し、宮廷から発信されたエリート文化の価値意識が広く人々の感性や生活態度の規範となったことである。それを媒介したのが礼儀作法書であり、一六世紀初めに高い評判をえたエラスムス『少年礼儀作法論』とカスティリヨーネ『宮廷人』は、一七世紀にも翻案されて、ファレ『オネットム』（一六三〇年）、クールタン『新礼儀作法書』（一六七一年）などが刊行された。

そうした礼儀作法書は、感情の自然な発露を抑え、無秩序な雑居状態を拒み、生理的欲求を隠し、慎みや恥じらいを強調するよう説いている。それは、徹底した自己否定と自己抑制により、宮廷社会をしたたかに生き抜く極意（処世術）を伝えたものである。けれども、そうした「習俗の文明化」の修練を経てこそ、人々は一個の人格として自立できると考えられたのであり、そのイメージが宮廷人＝教養人としての「オネットム（honnête homme）」に集約されたのである。

## 三　都市社会とその文化

### ●近世ヨーロッパの都市の進展

ブローデルは『物質文明・経済・資本主義』のなかで、「都市という都市が変圧器だといってよい。すなわち、都市は、電圧を増大させ、交換を促進し、人間生活をいつまでも攪拌してやまない。都市は、数ある分業のうちでもっとも古く、また、もっとも革命的な分業から生まれたのではなかろうか」と、都市の特質を述べている。

ヨーロッパの都市の特色は、都市がそれぞれに歴史的伝統をもち、古くから人的・物的交流のネットワークを維持していることである。しかし、一般に都市の規模は小さく、一八世紀後半のイギリスやフランスでは、人口が二、〇〇〇人を超えると都市とみなされるほどだった。一七世紀に人口が五万人を超える都市は、イギリスで一、フランスで四、神聖ローマ帝国領で五にとどまっている。この点では、一六〇〇年頃、ヨーロッパ全体で人口一〇万人を超える都市が一二あるうち、地中海地域だけで八（イタリアが六）を占めていたのは、いかに地中海世界が優越した地位にあったかを示唆している。

近世ヨーロッパの都市の動向で、第一に注目すべきは、「地理上の発見」以来、世界システムを機動させた大西洋側の海港都市の発展が際立っていることで、一六世紀のリスボン、セヴィリヤ、アントウェルペンに続いて、一七世紀にはアムステルダムとロンドンが仲間入りをはたした。そこでは貿易商人、船主、倉庫業者、両替商、銀行家といった新興ブルジョワ層が存在感を増している。人口二〇万人を擁するアムステルダムでは、かれらの意向に基づいて都市計画が進められた（資料15―3参照）。アムステル川をせきとめ、扇形状にめぐらされた運河網にそって、貿易商人から商工業者までの居住地区が整然とつくられた。ロンドンでは、商業地区のシティと王宮のあるウェストミンスターを結びつける建築家レンの都市計画が作成されたが、貴族や官僚の反対で挫折した。皮肉なことに、ロンドンでは一六六六年の大火が都市改造のきっかけとなったのである。

留意すべき第二の点は、海港都市を除くと、商工業都市の発展があまりみられなかったことで、一七世紀の経済不況の深刻さを裏書きしている。逆にいえば、近世都市の発展はほぼ行政機能をもつ都市に限られた。その理由は、国王の集権化政策により、首都や宮廷の所在地とともに、歴史的伝統を有する

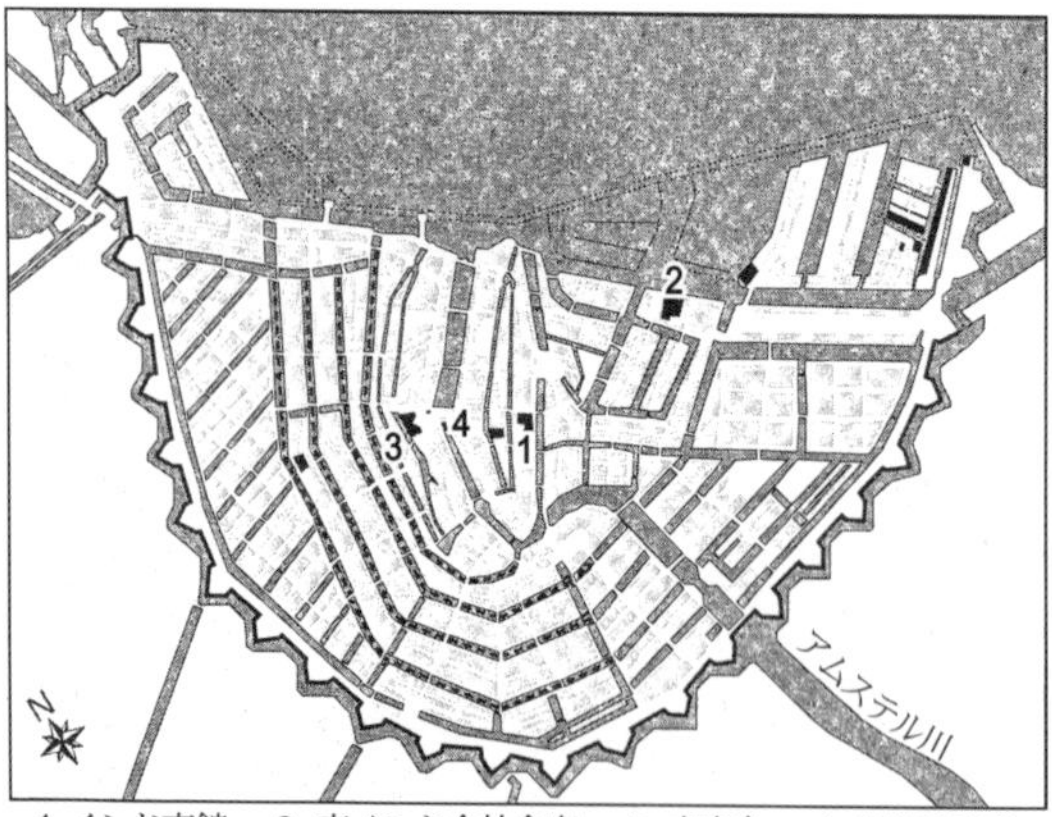


1 インド商館　2 東インド会社倉庫　3 市庁舎　4 証券取引所

資料15－3　17世紀末のアムステルダム

地方都市にも王権を代行する官庁が設置され、行政都市化が進められたからである。都市には、商工業者だけでなく、官僚や法律家が定住し、さらに快適で文化的な生活を求めて農村部の貴族、地主も住居を構えるようになった。中規模の都市には、修道院、中等教育機関としてのコレージュ（学院）、施療院、図書館などの文化施設が設立された。今日、ヨーロッパの地方都市がある種の風格と威信を備えているのは、そうした文化資本が投入されたからである。こうして、近世都市は宮廷や大都市で発信されたエリート文化の受け皿となり、貴族、官僚、ランティエ（定期金生活者）、法律家、大商人などの新旧エリートが、サロンやサークル活動などの社交生活を展開した。

### ●エリート文化と民衆文化の対抗

宮廷や大都市に根づいたエリート文化は、地方のエリートを介して都市や農村の民衆にまで伝えられた。その際、ミュシャンブレッドによれば、一六世紀には、エリートと民衆のあいだに文化的共時性が失われていたので、民衆をエリート文化に取りこもうとしたエリートは、民衆と一種の文化闘争を開始した。その手段のひとつが民衆がもつ習俗の「有罪視」、もうひとつが「上から下へと連なる侮蔑の連鎖」である差異化という価値基準の導入であった。

たとえば、エリートは、下品な笑いやスカトロジー（糞尿趣味）的な言説を公言してはばからない民衆の身体感覚や、酒浸りで日常的に暴力を容認する民衆の精神風土をきびしく批判し、司直による刑罰に委ねようとした。自由で奔放な民衆の性も非難の対象となった。教会当局による魔術やシャリヴァリの取締りは、民衆が抱く呪術的・迷信的世界への攻勢という意味で、まさしく伝統的な民衆文化への挑戦にほかならない。そこには、カトリックであれ改革派であれ、世俗権力と一体化して、民衆が生活する教区のレヴェルでキリスト教の教義の絶対性を確認し、教会（あるいは公権力）への民衆の服従を実現しようとする体制側の意図が顕著にうかがわれる。

もっとも、ミュシャンブレッドの二項対立的な理解はやや抽象的であり、近世ヨーロッパの文化とその変容について、より具体的で精密な検証作業が必要である。民衆の暴力の抑圧については、犯罪社会史の研究から、時間の経過とともに犯罪の性格が「暴力から窃盗へ」と変化すると結論づけられているが、犯罪の件数自体は減少しておらず、エリート文化による民衆文化の包摂とはいいがたい側面がある。

シャリヴァリも民衆や共同体の暗黙裡の意志を表す意味深長な慣行で、前近代の食糧暴動や労働争議がしばしばシャリヴァリの形態をとったことを想起する必要がある。そのほか、カーニヴァル、聖ヨハネの火祭り、聖人崇拝といった民俗宗教も、教会当局の度重なる抑圧にもかかわらず命脈をつないだ。エリート文化による文化変容を被りつつも、民衆のヴィヴィドな生活の息吹がある限り、民衆文化はしぶとく生き残ることができたのである。

資料15－4　シャリヴァリの光景

# 参考文献


・佐藤彰一・池上俊一・高山博（編）『西洋中世史研究入門』名古屋大学出版会、二〇〇〇年
・阿河雄二郎・藤本和貴夫（他編）『西洋近現代史研究入門』名古屋大学出版会、一九九三年
・『岩波講座　世界歴史七　ヨーロッパの誕生　四―一一世紀』、岩波書店、一九九八年
・『岩波講座　世界歴史八　ヨーロッパの成長　一一―一五世紀』、岩波書店、一九九八年
・『岩波講座　世界歴史一六　主権国家と啓蒙　一六―一八世紀』、岩波書店、一九九九年
・佐藤彰一・早川良弥（編）『西欧中世史（上）』ミネルヴァ書房、一九九五年
・江川温・服部良久（編）『西欧中世史（中）』ミネルヴァ書房、一九九五年
・朝治啓三・江川温・服部良久（編）『西欧中世史（下）』ミネルヴァ書房、一九九五年
・佐藤彰一・池上俊一『世界の歴史一〇　西ヨーロッパ世界の形成』中央公論社、一九九七年
・井上浩一・栗生沢猛夫『世界の歴史一一　ビザンツとスラヴ』中央公論社、一九九八年
・樺山紘一『世界の歴史一六　ルネサンスと地中海』中央公論社、一九九六年
・長谷川輝夫・大久保桂子・土井恒之『世界の歴史一七　ヨーロッパ近世の開花』中央公論社、一九九七年
・堀越宏一『世界史リブレット　中世ヨーロッパの農村世界』山川出版社、一九九七年
・河原温『世界史リブレット　中世ヨーロッパの都市世界』山川出版社、一九九七年
・田中陽兒・倉持俊一・和田春樹（編）『世界歴史大系　ロシア史一　九世紀〜一七世紀』山川出版社、一九九五年
・柴宜弘（編）『バルカン史（新版　世界各国史一八）』山川出版社、一九九八年
・根津由喜夫『ビザンツ　幻影の世界帝国』講談社選書メチエ、一九九九年
・高澤紀恵『世界史リブレット　主権国家体制の成立』山川出版社、一九九七年
・川北稔『工業化の歴史的前提』岩波書店、一九八三年

・二宮宏之『全体を見る眼と歴史家たち』木鐸社、一九八六年
・成瀬治『絶対主義国家と身分制社会』山川出版社、一九八八年
・服部春彦『フランス近代貿易の生成と展開』ミネルヴァ書房、一九九二年
・近藤和彦『民のモラル』山川出版社、一九九三年
・谷川稔（編）『歴史としてのヨーロッパ・アイデンティティ』山川出版社、二〇〇三年
・二宮宏之・阿河雄二郎（編）『アンシアン・レジームの国家と社会』山川出版社、二〇〇三年
・小倉欣一（編）『近世ヨーロッパの東と西』山川出版社、二〇〇四年
・パトリック・ギアリ（杉崎泰一郎訳）『死者と生きる中世』白水社、一九九九年
・ジャネット・L・アブー＝ルゴド（佐藤次高・斯波義信・高山博・三浦徹訳）『ヨーロッパ覇権以前（上）（下）』岩波書店、二〇〇一年
・ピーター・バーク（森田義之・柴野均訳）『イタリア・ルネサンスの文化と社会』岩波書店、一九九二年
・ジャン・クロード・シュミット（松村剛訳）『中世の迷信』白水社、一九九八年
・ミハイール・バフチーン（川端香男里訳）『フランソワ・ラブレーの作品と中世・ルネサンスの民衆文化』せりか書房、一九七三年
・ゲルト・アルトホフ（柳井尚子訳）『中世人と権力』八坂書房、二〇〇四年
・P・ルメルル（西村六郎訳）『ビザンツ帝国史』白水社クセジュ文庫、二〇〇三年
・G・オストロゴルスキー（和田廣訳）『ビザンツ帝国史』恒文社、二〇〇一年
・ノルベルト・エリアス（波田節夫他訳）『文明化の過程』（全二巻）、法政大学出版局、一九七七年
・フェルナン・ブローデル（村上光彦・山本淳一訳）『物質文明・経済・資本主義』（全六巻）みすず書房、一九八五―一九九九年
・ロベール・ミュシャンブレッド（石井洋二郎訳）『近代人の誕生』筑摩書房、一九九二年
・イマニュエル・ウォーラーステイン（川北稔訳）『近代世界システム　一六〇〇―一七五〇』名古屋大学出版会、一九九三年
・リンダ・コリー（川北稔監訳）『イギリス国民の誕生』名古屋大学出版会、二〇〇〇年
・ジョン・ブリュア（大久保桂子訳）『財政＝軍事国家の衝撃』名古屋大学出版会、二〇〇三年
・ウィリアム・ドイル（福井憲彦訳）『アンシャン・レジーム』岩波書店、二〇〇四年

# 索引

配列は五十音順、＊は人名を示す。

## ●あ 行

●か 行

カフェ……151
カブラル*……143
カペー朝……47・91
「神による義認」……122
ガリア……15・23・41・63
カリカット……143
ガリカニスム……129
カリスマ……92
カリフ……48
『ガルガンチュア物語』……152
カルパティア山脈……16
カルヴァン*……124
カルヴァン派……124
カルマル同盟……98
カルメル会……74
カルロヴィッツ条約……120
カレー……96
ガレノス*……105
カロヤン*……118
カロリング朝（期時代）……26・43・72
カロリング帝国……135
カロリング・ルネサンス……44
環大西洋時代……146
環地中海世界……24
キヴィタス……26・63
キエフ大公*……116
キエフ＝ルーシ……40・48
議会制……138
騎士道……57
騎士修道会……87
騎士叙任……57
貴族……21・93
貴族社会……113
「記念説」……124
キプチャク＝ハン国……117
ギベリン……98
喜望峰……148
キャサリン*……125
宮宰……41
「九五カ条の論題」……122
宮廷社会……153
『宮廷社会』……155
『宮廷人』……156
宮廷文化……154
旧約聖書……36・78
ギュイエンヌ……96
キュリロス*……37
教会大分裂……100
教会改革……100
教会州……26・72
教会巡察制……130
教皇……18・74・99
教皇庁……74
教皇党……98
『矯正者』……77
兄弟団（信心会）……80
教父……27
ギリシア語……14・28・32
ギリシア・ローマ文化……17
ギリシア人……113
ギリシア正教……49
ギリシア哲学……18・27
キリスト教……13・23・79・133
キリスト教会……75
キリスト教圏……25
『キリスト教綱要』……124
キリスト教徒……72・83・103
『キリスト者の自由』……122
「キリストの戦士」……57
キリル文字……38
金印勅書……97

## ●た 行

## ●な 行

## ●は　行

# 分担執筆者紹介

## ●阿河雄二郎●
（あが・ゆうじろう）

12，13，14，15章

一九四六年　香川県に生まれる
一九六九年　京都大学文学部西洋史学科卒業
一九七四年　京都大学大学院文学研究科博士課程修了
現在　大阪外国語大学名誉教授
専攻　フランス近代史
主な著書　フランス史2（共著，樺山紘一・福井憲彦他編，山川出版社）
アンシアン・レジームの国家と社会（二宮宏之との共編，山川出版社）

## ●中谷 功治●
（なかたに・こうじ）

3，11章

一九六〇年　大阪府に生まれる
一九八四年　大阪大学文学部史学科卒業
一九八九年　大阪大学大学院文学研究科博士課程単位取得退学
現在　関西学院大学文学部教授
専攻　ビザンツ帝国史
主な著作　テマ反乱とビザンツ帝国―コンスタンティノープル政府と地方軍団―（大阪大学出版会）
歴史を冒険するために―歴史と歴史学をめぐる講義―（関西学院大学出版会）

●わ　行

## ●ま 行

# 編著者紹介

●江川　温●
（えがわ・あつし）

1，2，4〜10章

一九五〇年　福井県に生まれる
一九七四年　京都大学文学部（史学専攻）卒業
一九七七年　京都大学大学院修士課程（西洋史学専攻）修了
現在　大阪大学名誉教授・佛教大学歴史学部教授
専攻　西欧中世史
主な著書　西洋中世の秩序と多元性（共編、法律文化社）
西欧中世史　中（共編、ミネルヴァ書房）
西欧中世史　下（共編、ミネルヴァ書房）
岩波講座世界歴史8　ヨーロッパの成長（共編、岩波書店）
死の文化誌―心性・習俗・社会―（共編、昭和堂）

放送大学教材　1859242-1-0511（テレビ）

新訂　ヨーロッパの歴史

発行――二〇〇五年三月二〇日　第一刷
二〇一八年七月二〇日　第六刷

編著者――江川　溫

発行所――一般財団法人　放送大学教育振興会
〒一〇五―〇〇〇一
東京都港区虎ノ門一―一四―一
郵政福祉琴平ビル
電話・東京（〇三）三五〇二―二七五〇



ISBN978-4-595-30552-8　C1322